Coco & co

Bij Davidsfonds Uitgeverij verscheen eveneens:
Marcel Gevaert, *De beslissers. 2 x 25 figuren die de wereld veranderden*

Claude Blondeel

Coco & Co

schone vrouwen

met illustraties van Karl Meersman

DAVIDSFONDS UITGEVERIJ

Klara

Blondeel, Claude
Coco & co. Schone vrouwen

Blijde Inkomststraat 79, 3000 Leuven
www.davidsfonds.be
www.twitter.com/davidsfonds
www.facebook.com/davidsfondsuitgeverij

www.klara.be

Vormgeving: Bart Luijten, www.bartluijten.be
Illustraties: Karl Meersman, www.karlmeersman.be

D/2011/0240/44
ISBN 978-90-5826-805-1
NUR 641, 680, 681

INHOUD

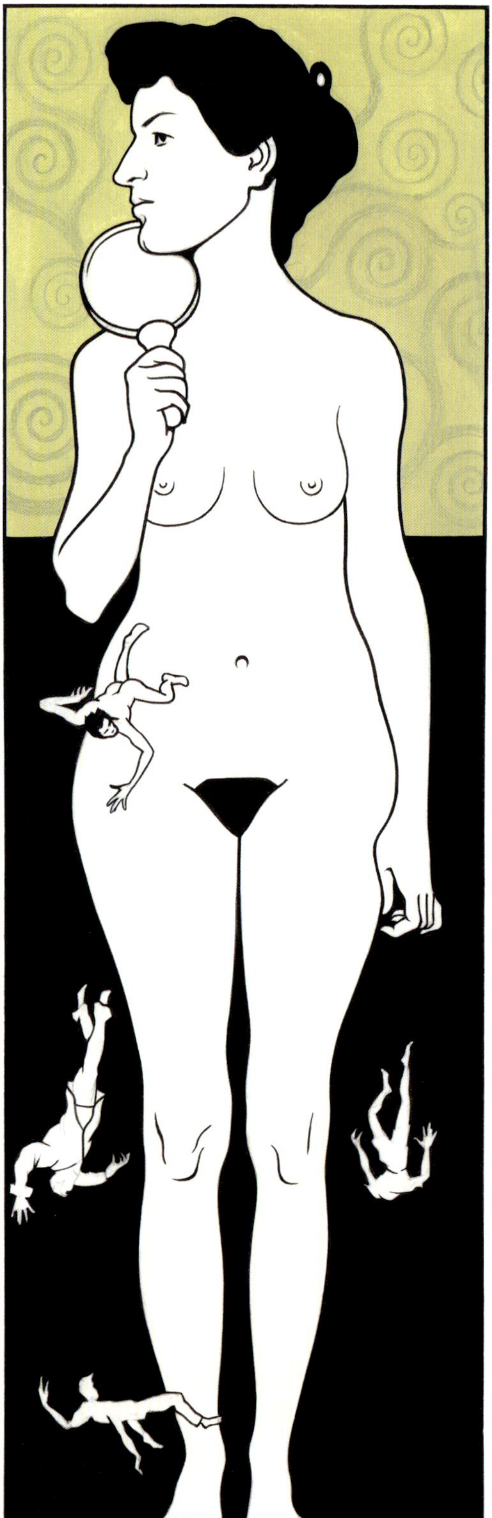

Alma Mahler

(1879-1964)

Kindertijd

Emil Jakob Schindler is een landschapschilder en hij houdt van Anna Sofie Bergen, telg uit een rijke brouwersfamilie van Hamburg. Zij wil operettezangeres worden en ook Emil houdt van de lichte muze en treedt met zijn warme tenorstem regelmatig op in het Künstlerhaus. Het huwelijk begint in benarde omstandigheden. Schindler heeft schulden en woont in een klein vrijgezellenappartement. Hoewel de woning veel te klein is, trekt Anna, die inmiddels in haar derde maand is, na de huwelijksplechtigheid bij haar man in.

Bij stralend weer komt op 31 augustus 1879 Alma Margaretha Maria ter wereld. Alma groeit op in een sfeer van onoprechtheid en heimelijke gevoelens. Haar moeder heeft minnaars bij de vleet en haar vader flirt met zijn leerlingen.

Emil Jakob houdt zielsveel van zijn dochter. Hij zingt liederen van Schumann voor haar en vertelt haar het verhaal van Goethes *Faust*.

Als zij amper dertien is, sterft Emil Jakob aan de gevolgen van een verwaarloosde blindedarmontsteking. Met de dood van haar beminde vader verliest Alma niet alleen de held van haar kindertijd, maar ook haar enige houvast.

Gustav Klimt

Als zij zeventien is, ontmoet Alma Mahler de beroemde schilder Gustav Klimt. Hij heeft een onverzorgde baard en hult zich in lange gewaden die hem iets raadselachtigs geven. Alma raakt in de ban van die 'wildeman'. Decennia later betitelt ze die amourette als haar eerste grote liefde. Klimt is een notoire rokkenjager, hij deelt het bed met zijn modellen en laat bij zijn overlijden veertien buitenechtelijke kinderen achter.

Wanneer haar moeder hertrouwt, ziet Alma dat als een verraad en de zwangerschap van haar mama beschouwt ze als een bespotting van haar overleden vader. De twee vrouwen haten elkaar, en als Alma twintig is, krijgt zij nog altijd klappen van haar moeder. Op de piano speelt Alma muziek van Franz Schubert en Robert Schumann, de lievelingscomponisten van haar papa, en zij droomt ervan ooit een opera te componeren.

Alexander von Zemlinsky

Als Alma twintig is, ontmoet zij de negenentwintigjarige componist Alexander von Zemlinsky. 'Een karikatuur, zonder kin, klein met uitpuilende ogen...' noteert zij in haar dagboek. Zemlinsky wordt haar muziekleraar en na enkele weken gebeurt er wat er gebeuren moet: 'Ik nam zijn hoofd in mijn handen en we kusten elkaar zo hevig dat onze tanden er pijn van deden.' Aan de andere kant kan Alma het niet nalaten Zemlinsky voortdurend te vernederen. 'Hij is zo lelijk, zo klein, en ik zo mooi, zo groot.' Alma's moeder is tegen hun relatie. Zij is immers bang dat Alma 'kleine, gedegenereerde jodenkinderen ter wereld zou brengen'. In het Wenen van het fin de siècle is antisemitisme de bon ton en jodenhaat is verankerd in de mentaliteit van de bourgeoisie. Als bewonderaarster van Wagner is Alma nog met een andere antisemitische stroming in aanraking gekomen, namelijk het 'wagnerisme'. Maar tegelijkertijd heeft Alma een bijzondere voorliefde voor joodse, naar zijzelf veronderstelt zwakke en onaantrekkelijke mannen. Zijzelf is knap, maar beslist niet de schoonheid waarvoor zij zich wil laten doorgaan.

Gustav Mahler

Op 7 november 1901 gaat Alma Mahler naar een receptie bij Bertha Zuckerland, de schoonzus van de Franse minister-president Georges Clemenceau. Tot de regelmatige bezoekers van die soirees behoren de schrijvers Arthur Schnitzler en Hugo von Hofmannsthal. Die avond is tot ieders verrassing ook de directeur van de Hofopera Gustav Mahler aanwezig. Het is immers een publiek geheim dat Mahler helemaal niet houdt van het Weense mondaine gedoe.

Aanvankelijk verzet Alma zich tegen de gevoelens die ze bij zichzelf voor Mahler voelt opkomen, want ze heeft nog een relatie met Alexander von Zemlinsky. 'Maar het beeld van Mahler leeft in mij. Ik heb zin om dit giftige kruid uit te rukken', schrijft zij in haar dagboek. Bovendien vindt zij zijn muziek 'onbegrijpelijke rommel'. Bijna vier weken na hun kennismaking reist Mahler naar Berlijn, waar hij een uitvoering van zijn vierde symfonie moet dirigeren. Tijdens zijn reis stuurt hij Alma dagelijks liefdesbrieven. Maar hij heeft problemen met het leeftijdsverschil van negentien jaar en vraagt zich af of het wel goed is 'de lente aan de herfst te verbinden en die te dwingen de zomer over te slaan'. Als Gustav Mahler terug in Wenen is, gaat alles heel snel.

Op 23 december 1901 verloven Gustav Mahler en Alma Schindler zich. Kort na de verloving gaan Alma en Gustav met elkaar naar bed. Alma brengt verslag uit in haar dagboek: 'Hij gaf mij zijn lichaam en ik liet zijn hand begaan. Stijf, in alle pracht stond zijn mannelijkheid overeind. Hij bracht me naar de sofa, legde me zachtjes neer en sprong met een zwaai boven op me. Toen, op het moment dat ik hem in mij voelde binnendringen, verloor hij alle kracht. Verslagen lag hij op mijn borst. Hij huilde bijna van schaamte.'

Toch trouwen zij op 9 maart 1902. Gustav is eenenveertig en Alma tweeëntwintig. Zij, de gevierde schoonheid, gewend aan een uitbundig societyleven, trouwt met een man die de eenzaamheid koestert.

Leven met een genie

Tijdens hun huwelijksreis, die ook een concerttournee is, heeft Alma het al heel snel begrepen. 'Ik moet mijn leven volledig naar het zijne richten, anders kan Gustav nooit gelukkig worden.' Gustav Mahler heeft een hekel aan tijdverspilling en zijn hele omgeving moet zich onverbiddelijk schikken naar zijn eigen werkdrift. Om ongestoord te kunnen werken heeft hij in de tuin van Villa Mahler een componeerhuisje laten bouwen waar niemand hem lastig mag vallen. Alma voelt zich 'gedegradeerd tot huishoudster'.

Op 3 november 1902 brengt Alma haar dochter Maria Anna ter wereld. De bevalling is een marteling. Als de afschuwelijke en levensgevaarlijke kwelling eindelijk overwonnen is en Mahler hoort dat het een stuitgeboorte was, barst hij in een lachbui uit: 'Echt een kind van mij. Het toont de wereld meteen het lichaamsdeel dat ze verdient.' Als Alma wil gaan componeren laat Gustav haar fijntjes weten dat er in het gezin slechts plaats is voor één componist.

Amerika

In 1907 besluit Gustav Mahler de Weense Hofopera te verlaten. Niet alleen zijn er de vele schandalen en intriges, ook zijn artistieke scheppingsdrang treedt meer en meer op de voorgrond. Maar het meest doorslaggevend zijn de financieel interessante onderhandelingen met de Metropolitan Opera van New York: voor een bedrag van 1,2 miljoen euro per jaar, vier keer zoveel als zijn loon in Wenen, kiest Mahler voor New York. Maar het noodlot slaat toe: hun dochtertje Maria heeft roodvonk en kinkhoest en sterft na een verschrikkelijk lijden in de vroege ochtend van 12 juli 1907. Door de dood van hun dochter gaan Alma en Gustav nog meer van elkaar vervreemden. Alma brengt hele dagen in bed door en raakt aan de drank. Gustav Mahler heeft voortdurend ruzie met de nieuwe dirigent van de Metropolitan, Arturo Toscanini, die zich niet alleen tot het Italiaanse repertoire wil beperken, maar ook Wagner wil dirigeren.

Na twee seizoenen is het tijd om terug naar Wenen te keren, en voor Alma is het de hoogste tijd voor een nieuwe minnaar.

Walter Gropius

Alma is een corpulente, snel verouderde matrone geworden, die scherp afsteekt tegen haar slanke echtgenoot, die ondanks zijn hartkwaal en het grote leeftijdsverschil er nog altijd jong uitziet. Als Alma op 4 juni 1910 kennismaakt met de zevenentwintigjarige Walter Gropius, voelt zij zich meteen tot hem aangetrokken. Gropius is een beloftevolle architect die in 1919 het vermaarde Bauhaus zal oprichten. Gustav Mahler is van hun relatie op de hoogte, maar hij is bang om zijn vrouw te verliezen. Om haar zijn onvoorwaardelijke liefde te betuigen, zal hij zijn achtste symfonie aan de overspelige Alma opdragen. 'Deze liefde en verering waarvan ik nu het voorwerp ben, zijn nauwelijks normaal te noemen', schrijft Alma aan haar minnaar Walter. Op de ochtend van 20 februari 1911 wordt Gustav Mahler met hoge koorts en een zware keelontsteking wakker. Alma schrijft naar haar geliefde: 'Gustav is ernstig ziek. Zorg ervoor dat jij een sterke, fitte man blijft, zodat wanneer wij elkaar weer ontmoeten, wij een oneindige vreugde aan elkaar en aan onze liefde kunnen beleven. Ik wil jou. Je bruid Alma.' De doodstrijd van Gustav Mahler duurt zes lange dagen. Terwijl buiten een orkaanachtige storm woedt en het zo hard regent dat de wereld in een zondvloed lijkt ten onder te gaan, begint de reutelende ademhaling. Op 18 mei 1911, kort na elf uur 's avonds luwt de storm en houdt ineens alle gereutel op. De geniale componist, Gustav Mahler, is overleden.

Oskar Kokoshka

Dat Gustav Mahler uitgerekend op de achtentwintigste verjaardag van Walter Gropius moest overlijden, beschouwt Alma als een knipoog van het lot. Bovendien is zij 'nog maar' tweeëndertig jaar oud en zij beschikt dankzij het weduwepensioen van de Hofopera en de erfenis van Mahler over veel geld. Haar relatie met Gropius groeit echter uit tot een grote teleurstelling.

Op de avond van 12 april is de zesentwintigjarige Oskar Kokoshka bij haar ouders te gast. Haar stiefvader wil namelijk een portret van Alma laten maken door de revolutionaire schilder, voor wie de Weense beau monde geen begrip heeft. Na het eten gaan Alma en Kokoshka naar de muziekkamer, waar zij hartstochtelijk 'Isoldes Liebestod' voor hem zingt. Drie dagen later ontvangt Alma een liefdesbrief, de eerste in een reeks van vierhonderd brieven. Kokoshka is vreselijk jaloers en 'de drie jaren met hem waren een heftige liefdesstrijd. Nooit heb ik zoveel kramp, zoveel hel en zoveel paradijs in één keer gesmaakt'. Wanneer zij zwanger, is gaat Kokoshka na vele pijnlijke ruzies akkoord met een abortus. 'In de kliniek pakte hij de eerste bloederige watten van me af en nam die mee naar huis. "Dit is mijn enige kind en dat zal het altijd blijven..." prevelt Kokoshka. Deze oude uitgedroogde watten heeft hij voortaan altijd bij zich...'

In een periode waarin de relatie met Kokoshka op haar zenuwen begint te werken, neemt Alma opnieuw contact op met haar vorige minnaar Walter Gropius en zij schrijft hem: 'Het staat mij duidelijk voor ogen – als levenswens – om jouw eigendom, voor altijd jouw eega te worden.'

Walter Gropius – *Same player shoots again*

In december 1914 krijgt Oskar Kokoshka het bericht dat hij opgeroepen wordt voor de militaire dienst. Door de bemiddeling van zijn vriend, de architect Adolf Loos, wordt hij ondergebracht bij het vijftiende regiment dragonders, het chicste cavalerie-regiment van de monarchie.

Maar Kokoshka wil naar het front, want de dood is voor hem de laatste mogelijkheid om een einde te maken aan zijn pathologische verhouding met Alma Mahler. Alma trouwt in het grootste geheim met Walter Gropius op 18 mei 1915. Wanneer Gropius naar het front moet, krijgt hij van Alma passionele brieven: 'De eerste keer dat wij elkaar terugzien, zal ik voor jou op de grond zakken, op mijn knieën blijven zitten en je geknield vragen je heilige lid in mijn mond te steken, en al mijn finesse, al het raffinement dat ik bij jou geleerd heb, zal ik aanwenden om je een woest orgasme te bezorgen.' En zij gaat verder: 'Als deze brief je verleidt om met je verheven hand je lieve lid te beroeren, stuur mij dan in elk geval datgene wat van mij is, dan zal ik het in mij stoppen, zodat het niet verloren gaat.'

Als Alma in september 1915 moet bevallen, krijgt Gropius twee weken verlof om zijn echtgenote bij te staan. 'Ik ben bevallen van een lief meisje', schrijft Alma in haar dagboek. Wanneer Walter Gropius wordt overgeplaatst naar Namen, waar hij verantwoordelijk is voor de opleiding van de oorlogshonden, neemt Alma het niet de echtgenote van een 'hondendresseur' te zijn. Nu de verwekker zijn plicht gedaan heeft, vindt zij Walter Gropius 'lauw' en 'zonder pit' en zijn passie voor architectuur deelt zij helemaal niet, terwijl Gropius een leek is op het gebied van de muziek.

Franz Werfel

Alma Mahler is een gevierde *grande dame* met een druk sociaal leven. Op een feestje ontmoet zij de zevenentwintigjarige dichter Franz Werfel. Aanvankelijk vindt zij hem 'een dikke jood met O-benen', maar wanneer zij hem een paar maanden later terugziet 'moet zij haar hart vasthouden, anders vliegt het weg'.

Als Alma eind maart 1918 in de derde maand van haar zwangerschap is, weet ze niet zeker wie de vader van het kind is. Op 1 augustus 1918 brengt zij, in dezelfde kliniek waar Gustav Mahler overleden is, met hevige pijnen een jongen ter wereld. Het kind heeft een waterhoofd en het hoofd van de baby neemt monsterachtige proporties aan.

Alma schuift de verantwoordelijkheid van het mismaakte kind op de zogenaamde 'minderheid van Werfels ras en op zijn bedorven zaad'.

Ondertussen gaat het met Oskar Kokoshka ook niet goed. Hij zou gek geworden zijn en leeft nu samen met een pop. Hij kleedt zijn nieuwe geliefde met de duurste jurken en de fijnste lingerie uit de beste modehuizen van Parijs. Als het mooi weer is, maakt hij met zijn 'stille vrouw' in een open koets een wandeling door de stad.

Met Franz Werfel beleeft Alma haar geliefde haat-liefdeverhouding. 'Wij houden verschrikkelijk veel van elkaar en wij haten elkaar met passie. Wij kwellen elkaar ook, maar wij zijn heel gelukkig.'

Alma en Franz reizen naar Venetië en kopen er een klein palazzo, de 'Casa Mahler'. Maar een paar maanden later schrijft zij naar een vriendin: 'Ik houd niet meer van hem. Hij is weer ineengeschrompeld tot een kleine, lelijke, vette jood.'

Antisemitisme

Tot dan heeft Alma het antisemitisme gebruikt als een praktisch instrument om mensen te vernederen, maar tegen het einde van de jaren 1920 krijgt haar vijandschap tegenover joden steeds meer het karakter van een politieke overtuiging. 'Het wereldfascisme... Dat is het. Fascisme boven de nationale partijen.' Antisemitisme en alcohol gaan bij Alma Mahler een duister verbond met elkaar aan. Alma neemt de buitenwereld nog slechts waar door een sluier van alcohol en haar jodenhaat krijgt paranoïde vormen.

Tijdens de Spaanse burgeroorlog schaart Franz Werfel zich aan de zijde van de democratisch gekozen regering, maar Alma steunt resoluut de aanhangers van generaal Franco.

Verliefd op een priester

In februari 1933 is Alma de vijftig al gepasseerd en, voor de verandering, is zij weer eens verliefd. Na twee schilders, twee componisten, één architect en één schrijver, is het de beurt aan een priester. Wie biedt er meer? Johannes Hollnsteiner is niet alleen een katholiek priester en hoogleraar theologie, hij heeft ook nog politieke ambities. Alma kickt bij de gedachte dat zij een verhouding heeft met een priester. Ze gaat naar de mis omdat zij het o zo spannend vindt om haar minnaar in toga te zien. Johannes Hollnsteiner heeft Alma immers uitgelegd dat kuisheid eigenlijk alleen maar nodig is als hij dat kleed aanheeft. Alma wordt in extase gebracht door het feit dat ze Hollnsteiner zo zwak kan maken dat hij de belofte van seksuele onthouding opgeeft.

Tot daar geen vuiltje aan de lucht, maar Alma Mahler maakt zich vooral zorgen over de nieuwe vriend van haar dochter Anna, 'een halfkreupele, nihilistische jood'. Achter die beschrijving schuilt de talentvolle achtentwintigjarige Elias Canetti, die zeventien jaar na Alma's dood de Nobelprijs voor Literatuur zal ontvangen. In het autobiografische boek *Het ogenspel* beschrijft Elias Canetti Alma als 'een vrij grote, aan alle kanten over haar japon puilende vrouw'.

Amerika, Amerika

Binnen het tijdsbestek van enkele weken is Oostenrijk helemaal veranderd. De Hitlergroet is toegestaan en de hakenkruisvlag wordt niet meer als vijandig beschouwd.

Alma koketteert met een hakenkruisspeldje onder de revers van haar mantel. Voor de jood Franz Werfel is de situatie echter onhoudbaar. Op 4 oktober vlucht hij met Alma en de hele familie van Thomas Mann vanuit Lissabon naar Amerika.

In het begin van de jaren 1940 ontwikkelt Los Angeles zich tot een centrum van Duitse emigranten: de schrijvers Thomas en Heinrich Mann, Bertolt Brecht en Alfred Döblin, de componisten Arnold Schönberg en Erich Wolfgang Korngold, de regisseur Max Reinhardt. In Los Angeles heeft Alma's antisemitisme plaatsgemaakt voor een waanzinnige haat tegen alles wat Russisch of democratisch is, waardoor ze een extreme aanhangster van senator Joseph McCarthy wordt. Franz Werfel schrijft er zijn bestseller *Het lied van Bernadette*, geïnspireerd op het leven van de heilige Bernadette Soubirous.

Alma, die een fles benedictine per dag drinkt, heeft een drinkebroer gevonden in de vierenveertigjarige auteur Erich Maria Remarque, die haar als volgt beschrijft: 'De vrouw is een wild, blond mens, gewelddadig, een zuipster. Zij heeft er Mahler al onder gekregen, zij was met Gropius en Kokoshka, die kennelijk aan haar hebben kunnen ontkomen. Werfel zal dat niet. We hebben gezopen. Ze floot naar Werfel als naar een hond en was er trots op dat hij ook nog kwam.'

In de nacht van 13 september 1943 krijgt Werfel een zwaar hartinfarct en kan niet aanwezig zijn op de première van de Bernadette-film. Hij blijft sukkelen met zijn gezondheid en een jaar later overlijdt hij. Zijn begrafenis wordt bijgewoond door de familie Mann, Arnold Schönberg, Otto Klemperer en Igor Stravinsky.

Zwanenzang

Met de dood van Franz Werfel verliest Alma de man met wie zij meer dan vijfentwintig jaar heeft samengeleefd. Vanaf nu zal het stiller worden om Alma, die de rest van haar leven – toch nog een periode van zeventien jaar – zonder een man aan haar zijde zal doorbrengen. Thomas Mann noemt haar *la grande veuve*. Zij ziet nog enkele oude bekenden terug als Erich Maria Remarque en Marlene Dietrich. Ze raakt in geldnood en moet haar kostbare manuscripten verkopen: de derde symfonie van Anton Bruckner, een fragment uit Alban Bergs *Wozzeck*, de negende symfonie van Mahler en de manuscripten van Franz Werfel.

Wanneer Eugene Ormandy, de dirigent van het Philadelphia Orchestra, eind juli 1948 een uitvoering van Mahlers achtste symfonie op het programma heeft, staat Alma voor korte tijd in het centrum van de aandacht. Ze wordt als Mahlers weduwe niet alleen uitgenodigd voor het concert, maar zij mag ook alle repetities bijwonen.

Een tijdgenote van Mozart

De zeventigste verjaardag van Alma wordt uitgebreid gevierd. Onder de zeventig gelukwensers bevinden zich de auteurs Heinrich en Thomas Mann, de componisten

Benjamin Britten, Darius Milhaud, Igor Stravinsky en de dirigenten Leopold Stokowsky en Bruno Walter.

Als Alma tachtig is, onderhoudt ze nog steeds een passionele correspondentie met de zeventigjarige Kokoshka: 'Men heeft een lichaam dat in een tweede lichaam op en neer kan stoten en bloedgeil is als een stier die de man tot zich neemt en niet meer loslaat tot hij leeg en uitgeput is.'

Maar in het dagelijkse leven maakt Alma een broze en verwarde indruk. Ze vraagt bijvoorbeeld aan haar dochter wie de Tweede Wereldoorlog heeft gewonnen. Ze is doof en als bij haar diabetes wordt geconstateerd, wijst ze die diagnose kordaat van de hand. Diabetes is volgens Alma Mahler een joodse ziekte, dus kan zij die niet hebben. Ze blijft dan ook tegen alle medische adviezen in elke dag een fles benedictine drinken en is ervan overtuigd dat ze op een bergtop kennis gemaakt heeft met kroonprins Rudolf van Oostenrijk, die een kind van haar wil.

Alma Mahler-Werfel sterft op 11 december 1964.

Wanneer Darius Milhaud de tweeëntachtigjarige Alma in haar New Yorkse appartement bezoekt, heeft hij het gevoel in een museum te zijn. Geïnspireerd door de opeenhoping van voorwerpen uit het verleden, merkt hij laconiek op dat het wel plezierig is om eens met iemand te praten die Mozart nog gekend heeft.

Bibliografie

GIROUD, F., *Alma Mahler ou l'art d'être aimée*, Robert Laffont, 1988.

HILMES, O., *Alma Mahler-Werfel. De biografie*, De Arbeiderspers, 2007.

MAHLER, A., *Het is een vloek een meisje te zijn. Een keuze uit de dagboeken 1898-1902*, De Arbeiderspers/Privé-Domein, 2000.

Anaïs Nin

(1903-1977)

De ouders

In 1902 heeft er in Havana een kleurrijk huwelijk plaats: de bruid is Rosa Culmel y Vaurigard, eenendertig jaar oud en de oudste van vijf dochters van een welgestelde Deense koopman en zijn Frans-Cubaanse vrouw. De bruidegom is Joaquīn Nin y Castellanos, een arme musicus van drieëntwintig, afkomstig uit de lage Spaanse adel, die Barcelona is ontvlucht na het verleiden van een rijke studente. Joaquīn werkt in een winkel in Havana, waar hij met het spelen van bladmuziek amper genoeg verdient om van te leven. Toch is hij een goedgeklede dandy met fotografie als dure hobby. Hij is knap en ervan overtuigd dat hem een briljante carrière als concertpianist te wachten staat.

Het huwelijksgeschenk van de rijke handelaar aan het jonge paar is de overtocht naar Parijs, voldoende geld om er een vleugelpiano te kopen en wat maandgeld tot wanneer Joaquīn werk vindt.

De gelukkige jonggehuwden wonen in Neuilly-sur-Seine, de chique voorstad van Parijs. Daar wordt op 21 februari 1903 een dochter geboren met de naam Angela Anaïs Juan Rosa Nin, beter bekend als Anaïs Nin.

Op 7 juli 1904 wordt Joaquīn Nin Cubaans staatsburger, omdat hij er zeker van is dat een vleugje exotisme zijn curriculum vitae meer cachet zal geven, en op 19 december 1904 geeft hij zijn eerste soloconcert in Parijs.

Tussen 1905 en 1907 gaat Joaquīn op tournee in Europa en Cuba. Jaren later beschrijft Anaïs Nin die periode als: 'Mijn vader was altijd op tournee, werd verwend door andere vrouwen en mijn moeder maakte jaloerse scènes.'

Rosa, die in vijf jaar drie kinderen gebaard heeft, wil niet langer alleen instaan voor haar gezin. In 1909 verhuizen ze naar Brussel, waar Joaquīn als assistent-professor is benoemd aan de Université Libre de Bruxelles.

Vader Joaquīn

Joaquīn heeft echter geen negen-tot-vijfmentaliteit, hij mist de glamour van het concertleven en werkt zijn frustraties uit op zijn familie: vrouw en kinderen krijgen klappen. De schrik van zijn kinderen is niet te schatten wanneer Joaquīn in hun bijzijn, zonder de minste aanleiding, de kat van de buren met zijn wandelstok aftuigt tot het dier dood is.

En dat is niet alles. Zijn fotocamera wordt Joaquīns geheime wapen: hij valt onverwacht binnen als de kinderen in bad zitten. Ze moeten dan bloot poseren terwijl papa druk in de weer is met lichtmeter en lenzen.

Kort nadat Joaquīn betrapt wordt op een affaire met een van zijn studentes, verlaat hij zijn vrouw en zijn drie kinderen. Hoewel mama Rosa de kinderen openhartig vertelt dat hun vader hen in de steek heeft gelaten, kan Anaïs dat niet geloven en ze verzint het fabeltje dat Joaquīn een grote kunstenaar is en dat zijn gezin hem in de weg staat. Wanneer ze van haar vader tedere briefjes krijgt, is ze in de zevende hemel. Op 25 juli 1914 neemt Rosa het besluit een nieuw leven te beginnen en ze reist met haar kroost naar New York.

Anaïs is elf jaar oud als zij schrijft: 'Ik betreed het labyrint van mijn dagboek dat ik altijd in een mandje bij mij draag.' Anaïs kan de gedachte niet verdragen dat er een dag voorbij zou gaan zonder te schrijven, want in haar notities is zij het middelpunt van haar eigen universum. Ze wordt het minutieuze zelfonderzoek nooit beu en zal dan ook haar hele leven lang een egocentrisch dagboek bijhouden.

Rosa werkt zich op als zakenvrouw en dankzij enkele goede investeringen kan zij haar gezin moeiteloos onderhouden.

'Miss Nin' en 'Linotte'

Anaïs gaat tegen haar zin naar school en is vaak ziek, maar meestal dient dat als excuus om aan de dingen te ontsnappen die ze niet graag doet. Ze leest liever Robert Louis Stevenson (*The Strange Case of Dr Jekyll and Mr Hyde*!) en Charles Dickens, en schrijft korte gedichten waarvan de schoolkrant er enkele publiceert. Het liefst van al leest Anaïs dagboeken en biografieën: 'Niets interesseert mij zo als het bestuderen van een menselijke ziel die zich in het leven probeert uit te drukken.'

In het dagelijkse leven liegt Anaïs regelmatig; sommige leugens zijn gewoon verzinsels om een standje te voorkomen, andere zijn nogal bizar. Zo splitst zij zich in een dubbele rol: 'Miss Nin' en 'Linotte'. De eerste is haar persoonlijkheid zichtbaar voor de buitenwereld, de tweede moet verborgen blijven.

Als Anaïs achttien is, slaagt zij in haar toelatingsexamen aan Columbia University. Haar studiejaren kan ze als volgt samenvatten: 'Ik kan in alle eerlijkheid zeggen dat ik aan de universiteit vier onderwerpen bestudeerd heb: schrijfvaardigheid, grammatica, Frans en jongens.'

Amper afgestudeerd vindt Anaïs werk als kunstenaarsmodel: 'Ik zit daar uren achtereen, zo rustig, zo stil dat ik naar hartenlust kan dromen, dromen en nog eens dromen.' Maar als de studenten haar willen kussen en betasten is het snel gedaan met het 'dromen'.

Het huwelijk

De knappe Anaïs wordt verliefd op Hugo Parker Guiler, de oudste zoon van een schatrijke industrieel. Op 8 juni 1922 willen zij zich verloven, maar Hugo's ouders verbieden hem het huwelijk met een katholiek meisje. Op 5 december schrijft Anaïs naar haar moeder dat Hugo besloten heeft om met haar te trouwen en dat hij wil dat haar mama hem als een van haar zonen zou beschouwen. Hugo wil de financiële verantwoordelijkheid van het gezin op zich nemen en zich tot het katholicisme bekeren. Hugo schrijft hetzelfde naar zijn ouders. Zij antwoorden hem dat zij hem onterven en dat ze hem nooit meer willen zien. Op 3 maart 1923 treedt Anaïs Nin voor de katholieke kerk in het huwelijk met Hugo Guiler. Na de plechtigheid vertrekken zij op huwelijksreis naar Havana.

De eerste huwelijksnacht is een teleurstelling: Hugo's ejaculatie komt niet verder dan het nachtkleed van Anaïs. Hij weent en verontschuldigt zich, maar Anaïs heeft 'een vaag vermoeden dat er iets mis is. Hij houdt niet van mij, hij begeert mij niet.' Vanaf dat moment beweert Anaïs dat Hugo 'buitengewoon groot' en zij 'tamelijk klein' geschapen is. Zij beschuldigt Hugo ervan dat hij in alle andere zaken overgevoelig is, maar dat hij klaarkomt zonder met haar rekening te houden.

Om elkaar beter te begrijpen begint het koppel met het schrijven van een gemeenschappelijk dagboek. Anaïs' droom over het huwelijk met Hugo gaat in vervulling, nu hij haar wens inwilligt dat het dagboekschrijven zo'n hoge prioriteit moet krijgen, dat het zelfs hun privéleven overheerst.

Hugo krijgt een hoge post in Parijs en op 8 december 1922 gaan ze aan boord van de La France richting Parijs. Tot hun verrassing komt Hugo's hele familie afscheid nemen.

'Imagine'

Hugo en Anaïs vinden een appartement in de buurt van Montparnasse en elke avond gaan zij op stap om naar de nieuwe muziek van Stravinsky en naar jazz te luisteren. In tegenstelling tot Anaïs is Hugo meteen dol op Parijs en hij deelt de hoofdzetel in New York mee dat hij in de Franse hoofdstad wil blijven. Anaïs gaat lessen Spaanse dans volgen bij een zekere Antonio Francisco Miralles, kortweg Paco genoemd. Paco wordt de *chevalier servant* van Anaïs en op een avond neemt hij haar mee naar de kelder waar de kostuums bewaard worden. Terwijl zij tegen de stapel jurken leunt, tilt hij haar rok op en 'hij kuste mijn geslacht tot ik ervan duizelde'.

Als Anaïs over haar orgasme in haar dagboek wil schrijven, kan zij niet bedenken hoe ze de waarheid moet verbloemen en zij beslist om gelijktijdig twee dagboeken bij te houden. Het ene is 'voor dingen die werkelijk gebeuren en het andere voor de denkbeeldige gebeurtenissen'. Anaïs noemt de vrouw van het tweede dagboek 'Imagy', naar de imaginatie en de gebeurtenissen die daaruit voortspruiten. Die 'dubbele boekhouding' zal het leven en de geschriften van Anaïs Nin haar hele leven beheersen en soms zijn waarheid en verbeelding niet van elkaar te onderscheiden. Nin heeft het graag over de *mensonge vital*, de noodzakelijke leugen, die snel een belangrijke apologie voor haar eigen gedrag wordt: liegen is gerechtvaardigd omdat de waarheid 'niet altijd creatief' is. Evenmin is de waarheid 'waardevoller', noch is de trouw 'juister' dan ontrouw. Voor Anaïs 'ligt de wijsheid in het weten hoe en wanneer je op een juiste manier gebruik van dat alles maakt'.

Tijdens de kerstvakantie van 1929 lezen Hugo en Anaïs samen *Women in Love* en *Lady Chatterley's Lover* van D.H. Lawrence. Ze proberen de erotische geschriften in de praktijk om te zetten en zijn het erover eens dat Lawrence hen heeft meegevoerd in 'iets wat hun stoutste verwachtingen overtrof'. Tot Anaïs' opluchting begint Hugo haar visie te delen dat een dagboek zich niet moet verbergen achter de *flou artistique* van de poëzie om over seks te schrijven. Door haar toenemende interesse in de psychoanalyse begint Anaïs haar eigen dromen op te schrijven en Sigmund Freud te lezen. Ze denkt er zelfs aan om in Zürich bij Carl Gustav Jung in de leer te gaan.

Henry en June

Op een avond stelt een gemeenschappelijke kennis de negenentwintigjarige Anaïs voor aan een andere Lawrencefan, de eenenveertigjarige Henry Miller. Ze is zeer onder de indruk: 'Hij is een man die het leven tot een roes maakt... Hij is net als ik.' Hugo heeft het meteen begrepen en waarschuwt Anaïs: 'Eens zal ik je aan Henry kwijtraken.' Anaïs luistert gefascineerd naar Henry's verhalen over zijn twee vrouwen en 'zijn' vele prostituees. Haar andere invités verzoeken Anaïs om niet meer om te gaan met die ordinaire, sjofele zwerver met literaire pretenties, maar met geen enkel talent. Anaïs trekt zich van die opmerkingen niets aan, want ze is te beneveld door Henry en door zijn vrouw June: 'Voor het eerst zag ik de mooiste vrouw op aarde', schrijft ze in haar dagboek.

Henry en Anaïs

In februari reist June terug naar New York en een maand later gaat Anaïs met Henry voor het eerst naar een hotelkamer. Ze schrijft over 'de tederheid van zijn handen, de onverwachte penetratie tot diep binnen in mij, maar zonder geweld. Wat een eigenaardige, zachte kracht.'

Haar liefdesesbattementen noteert ze zorgvuldig in haar journaal. Wanneer Hugo haar met het dagboek confronteert als bewijs van haar overspel, doet Anaïs Nin wat ze de rest van haar leven zal doen: ze overtuigt haar man ervan dat dit 'het fantasieboek van een geesteszieke vrouw' is. Zo neemt Hugo bereidwillig de rol op zich die, ook hij, de rest van hun huwelijk zal spelen: die van grote goedzak die Anaïs naar hartenlust leugens kan verkopen en ontrouw zijn. Voor Anaïs is het eens en voor altijd duidelijk: 'Ik lieg impulsief, dwangmatig, als slaaf van mijn driften. Mijn leugens maken mij het leven leefbaar.'

Wanneer Anaïs aan Henry haar dagboeken laat lezen spoort hij haar aan ze tot romans te verwerken. Maar Anaïs Nin komt er niet toe fictie te schrijven en is ervan overtuigd dat een psychoanalyse haar hierbij zou kunnen helpen.

René Allendy

Op 22 april 1932 begint Anaïs Nin met haar analyse bij René Allendy, een van de prominente psychiaters van Parijs. Allendy hoort haar uit over haar opsplitsing in twee vrouwen en over haar verslaafdheid aan haar dagboek. Hij vraagt haar ook waarom ze zich zo overdreven opmaakt, want: 'Alleen onzekere mensen gedragen zich verleidelijk.' En Allendy vervolgt: 'Aangezien je je vader sinds je kindertijd hebt willen verleiden en daar niet in geslaagd bent, zit je met een groot schuldgevoel.'

In 1933 verandert onder invloed van René Allendy, die ondertussen haar minnaar is geworden, de toon van haar dagboeken: introspectieve ontboezemingen maken plaats voor bittere opmerkingen over seks.

Het gedrag van Anaïs wordt steeds roekelozer. Ze komt 's middags uit Henry's bed en gaat direct naar de praktijk van Allendy. Terwijl zij bij hem op de schoot zit, hem zoent en zijn sperma doorslikt, verlustigt zij zich in de vage geur van 'Henry's sperma dat ik niet helemaal wegwaste. Wat mij het meest geamuseerd heeft is Allendy zo enorm te kunnen bedotten. Psycholoog!'

Wanneer Anaïs ook nog de krankzinnige dramaturg Antonin Artaud in haar liefdeskwartet betrekt, kan het niet meer op: Hugo Guiler, Henry Miller, René Allendy en Antonin Artaud: 'Van de één zijn beten ga ik naar de ander zijn sperma. Mijn recept voor geluk is het sperma van vier mannen op één dag goed te mengen.' En er komt meer!

Joaquin Nin

Joaquin Nin is in Parijs voor een laatste concert van een lange, uitputtende tournee. Hij is moe, heeft last van spit en hij inviteert zijn dochter Anaïs om samen met vakantie naar Saint-Raphaël te gaan. Hugo waarschuwt Anaïs dat ze niet een van haar vaders vele veroveringen moet worden.

Anaïs brengt de hele tijd met haar vader door en zij vertelt hem, niet zonder enige trots, over haar vele veroveringen. Zijn commentaar is: 'Jij bent de combinatie van alle vrouwen die ik heb liefgehad. Ik heb niet het gevoel dat jij mijn dochter bent. Eindelijk ontmoet ik de vrouw van mijn leven en is ze mijn dochter... Ik ben verliefd op mijn eigen dochter.' Het antwoord van Anaïs laat niet lang op zich wachten: 'Alles wat jij voelt, is wederkerig.'

Als wij Anaïs de dagboekschrijfster mogen geloven, beleven vader en dochter gedurende twee weken een 'eindeloos orgasme'. Ze beschrijft hoe haar vader de plaats van alle andere mannen in haar leven wil innemen. Vanaf nu noemt Anaïs haar vader 'hem'.

Geboorte, incest en porno

Op 7 november 1933 gaat Anaïs Nin in psychoanalyse bij Otto Rank, een van Sigmund Freuds trouwste volgelingen, en zij vertelt hem alles over haar incestueuze relatie.

In maart 1934 is Anaïs zwanger en ze is er heilig van overtuigd dat het kind van Henry en niet van Hugo is, hoewel ze met beide mannen seks had rond het moment van de bevruchting. De gedachte dat zij toen ook seksueel contact had met haar vader, kan zij niet aannemen en nu zij ook nog een affaire met Otto Rank heeft...

In de ochtend van 22 september 1943 baart Anaïs Nin een doodgeboren dochtertje dat zij absoluut wil zien, omdat ze er 'een wetenschappelijke belangstelling' voor heeft. Haar bevalling betekent niets meer dan een thema om over te schrijven.

Anaïs werkt heel hard aan haar roman *The House of Incest* en als Joaquīn de titel verneemt, is hij buiten zichzelf van woede. Veel drukte om niets, want als de roman verschijnt, wordt hij amper opgemerkt.

Het hele jaar 1937 besteedt Anaïs Nin aan de redactie van haar dagboek, maar haar Franse literaire agent, die aanvankelijk enthousiast was, moet haar teleurstellen: 'Het dagboek zal nooit gepubliceerd worden omdat niemand een dergelijke naaktheid aankan.'

Via Henry Miller ontmoet Anaïs een New Yorkse handelaar in 'zeldzame' boeken, die auteurs zoekt om originele pornografie te schrijven voor één dollar per pagina met een minimum van honderd pagina's per maand. Geen probleem voor Anaïs, want dankzij de smeuïge passages in haar dagboek, kan zij zonder enig probleem een nieuwe carrière als pornografe beginnen. Ze laat zich gaan en raakt tijdens het schrijven 'zo ontzettend opgewonden dat [ze] tijdens het schrijven telkens een orgasme kreeg'.

Het dubbele huwelijk

In december 1944 komt Henry Miller Anaïs in New York opzoeken. Zij begeert Henry niet meer, want hij is een oude man geworden. Rank, Henry, haar vader en alle andere minnaars vertegenwoordigen haar erotische 'folie' met volwassen mannen, nu kickt de eenenveertigjarige Anaïs op jongens die de helft jonger zijn dan zij.

Op 18 februari 1947 ontmoet Anaïs op een feest van Hazel Guggenheim, de zus van de beroemde Peggy, een zekere Rupert Poles, de kleinzoon van de beroemde architect Frank Lloyd Wright. Meteen ontstaat er een vurige romance, met alles erop en eraan, zwangerschap en abortus incluis.

Gelukkig is de goede echtgenoot Hugo veel op zakenreis en zorgt hij ervoor dat het geld blijft binnenstromen.

In Rupert heeft Anaïs de man van haar leven gevonden en ook Rupert is dol op haar en wil absoluut met haar trouwen. Op de terugweg van een vakantie in Mexico rijden ze door de woestijn van Arizona, ze stoppen bij het eerste het beste gehucht, kloppen aan bij de vrederechter en trouwen.

Alles in het leven van Anaïs draait nu om haar twee echtgenoten en haar vaste voornemen voor ieder van hen 'de volmaakte echtgenote' te zijn. 'Dat waarover mensen alleen maar dromen, heb ik gerealiseerd.' En dan begint het uitputtende pendelen en liegen. Anaïs is dikwijls ziek door de inspanning die het haar kost om haar twee mannen tevreden te stellen. Hugo wil met haar naar Havanna, maar Rupert wil met haar de zomer in New York doorbrengen. Anaïs is dikwijls depressief met tijdelijke vlagen van euforie, maar al bij al moet ze toegeven dat de moeilijkheden groter zijn dan het plezier. 'Ik leef een verdeeld leven. Eén in New York met Hugo-de-vader, fraai appartement, chique kleren, het summum van leven. En één met Rupert-de-zoon, natuurmens met een hekel aan werk.' Wanneer Hugo eindelijk doorheeft dat zijn vrouw een vrijer zou kunnen hebben, is hij woedend op de minnaar en angstig dat hij Anaïs zou verliezen. Zij verzoenen zich en trekken samen naar de Wereldtentoonstelling in Brussel.

De trapeze die Anaïs al bijna dertien jaar in beweging houdt, dreigt eind 1959 tot stilstand te komen omdat te veel mensen op de hoogte zijn van haar dubbelleven. Maar beide mannen houden van Anaïs en werken allebei mee om haar komedie in stand te houden. Door hun beider inschikkelijkheid kan Anaïs haar trapezenummer de rest van haar leven volhouden.

De literatuur

Anaïs Nin wil haar dagboeken verkopen aan het Institute of Sex Research van de universiteit van Indiana, waar het befaamde Kinseyrapport is uitgegeven en waar ze een grote collectie privédocumenten bijhouden. Het instituut wil wel curator van haar journaals worden, maar heeft geen geld om ze aan te kopen. Anaïs Nin geeft de moed echter niet op. Ondertussen is het 1960 en beginnen vrouwen belangstelling te tonen voor het werk van andere vrouwen. Beduimelde, stukgelezen exemplaren van Anaïs Nins romans gaan van hand tot hand en haar lezingen trekken een groot publiek.

Anaïs werkt onverdroten verder aan de eindredactie van haar dagboek en nadert de duizendste pagina van de geredigeerde tekst die het eerste deel van haar volledige dagboeken moet worden. Niet zonder enige trots verklaart ze: 'Mijn dagboek is rijker dan dat van Simone de Beauvoir. In het hare zit er geen actie, en helemaal geen leven. Het is doodsaai. Al dat geklets over verwachtingen.'

In juni 1966 verschijnt het eerste deel en de gezaghebbende *New York Times Book*

Review schrijft: 'Het is een rijk, gevarieerd en fascinerend werk waarin de vluchtigheid van het leven is vastgelegd.' Anaïs Nin wordt bestookt met verzoeken om interviews en lezingen. De spreekbeurten van Anaïs Nin hebben veel succes, want iedereen wil haar 'live' meemaken: ze is drieënzestig en nog altijd heel aantrekkelijk, haar haar is hoog opgestoken, doorvlochten met linten en bloemen, ze draagt een lang, golvend gewaad van wit kasjmier of zilverlamé, met daaroverheen een donkere cape die ooit aan een priester of een Franse politieman heeft toebehoord.

Het Boek van de Pijn

Tijdens haar twee laatste levensjaren, van 1974 tot 1976, schrijft Anaïs Nin nog twee buitengewone dagboekdelen, namelijk de kronieken van de helse pijnen die veroorzaakt worden door de kanker in haar vagina. Anaïs krijgt pijnstillers, die ze om de vier uur moet innemen, maar die weinig effect hebben. Toch heeft Anaïs Nin nog de kracht om haar absolute meesterwerk te schrijven, namelijk *The Book of Pain*.

In mei 1974 krijgt Anaïs Nin het nieuws dat ze toegelaten is tot de prestigieuze American Academy and Institute of Arts and Letters. Ze negeert de zware tol die van haar lichaam geëist wordt en reist de hele Verenigde Staten af om lezingen te geven en om prijzen in ontvangst te nemen.

Op 9 januari 1975 wordt Anaïs Nin in het Cedars of Libanon Hospital van Los Angeles opgenomen voor een zware operatie, maar de kanker heeft zich over haar hele lichaam uitgezaaid en ook haar longen en haar keel zijn aangetast.

In de loop van december 1976 wordt Anaïs steeds zwakker, maar Rupert blijft altijd voor haar zorgen, tot haar longen vollopen met vocht en ze wegzakt in een coma. Op 14 januari 1976 overlijdt Anaïs Nin, om vijf minuten voor middernacht. De volgende ochtend belt Rupert naar haar broer Joaquin, die vervolgens Hugo, haar andere echtgenoot, waarschuwt.

Beide mannen tonen veel respect voor elkaar en ze komen met Joaquin, die als bemiddelaar optreedt, overeen dat Hugo toestaat dat 'haar vrienden' de crematie regelen. Rupert neemt haar as mee in een klein vliegtuigje tot boven Santa Monica Bay en laat het roze dekentje met de as van Anaïs Nin los op het moment dat er een straal zonlicht door de bewolkte hemel breekt.

Bibliografie

BAIR, D., *Anaïs Nin. Biografie*, Anthos/Manteau, 1996.
NIN, A., *The Journals of Anaïs Nin*, Quartet, 1970.
NIN, A., *Vénus érotica*, Stock, 1977.
NIN, A., *Les petits oiseaux*, Stock, 1979.

Billie Holiday

(1915-1959)

Billie

'Vader en moeder waren bij hun huwelijk nog kinderen: hij was achttien jaar oud, zij was er zestien en ik was er drie.'

Dat is de eerste zin van *Lady Sings the Blues*, de aangrijpende autobiografie van Billie Holiday. Maar de realiteit is eens zo schrijnend: vader en moeder Holiday zijn helemaal niet getrouwd.

Billie wordt geboren in Baltimore op 7 april 1915. Haar ouders noemen haar Eleonora. Vader Holiday is jazzmuzikant en na elk optreden is het feesten geblazen met de jongens van het orkest. Moeder Holiday werkt in de fabriek en gaat na haar uren op mannenjacht. Moeder lust ook weleens een verzetje.

De jonge Eleonora wordt opgevangen door haar zesennegentigjarige overgrootmoeder Rebecca. Er is weinig plaats in het krappe appartement van Rebecca en 's avonds slapen kind en overgrootmoeder in elkaars armen. Op een morgen echter voelt Eleonora dat de oude vrouw haar krampachtig in haar rechterarm geklemd houdt. Zij wil zich losmaken uit de wurgende greep van haar overgrootmoeder, die in haar slaap overleden is. Eleonora begint te schreeuwen en de buren komen haar met de grootste moeite bevrijden. Het jonge meisje is in shocktoestand en zal gedurende één maand niet meer spreken.

Tussen twee optredens in komt vader Holiday zijn gezin dag zeggen en hij beslist dat zijn dochtertje voortaan 'Bill' zal heten. Waarom eigenlijk, dat weet niemand, maar het bekt beter dan Eleonora.

All that Jazz

In de jaren 1920 is Baltimore na Washington de stad met het grootste aantal zwarte inwoners. De slavernij is afgeschaft, maar het lot van de zwarten is nog altijd allesbehalve rooskleurig. Op de katoenplantages worden de zwarte vrouwen aangemoedigd, zelfs gedwongen om minstens één kind per jaar te baren, zo zijn de katoenbaronnen er zeker van dat er in de toekomst voldoende handenarbeid zal zijn.

Maar het harde labeur en de miserabele levensomstandigheden mogen de pret niet drukken. Overal wordt er muziek gespeeld: in de musichalls, de cafés, de cinema's en zelfs in de kerken. Niets is er veilig voor het opkomende, swingende jazzgeweld. Jonge muzikanten als Duke Ellington komen naar Baltimore om er naar de band van de beroemde drummer Chick Webb te luisteren en vooral om het jonge zangeresje te bewonderen dat Webb ontdekt en geadopteerd heeft. Haar naam is Ella Fitzgerald.

Zware jongens en lichte meisjes

'Als ik zes was, was ik al een klein vrouwtje: ik had stevige borstjes en een lekker kontje', schrijft Billie in haar autobiografie. Maar als zij elf is, betaalt Billie de tol voor haar jeugdige, zwarte schoonheid. Ze wordt verkracht door een buurman, terwijl zijn wettige echtgenote haar vasthoudt. Wie zei er ook weer dat de banden van het huwelijk onbreekbaar zijn? De blanke verkrachter komt ervan af met een gevangenisstraf van drie maanden. Billie is echter gekwetst voor de rest van haar leven.

De dood van haar overgrootmoeder en haar verkrachting zullen als de morbide kwelgeesten van Eros en Thanatos door haar hele leven blijven spoken.

Billie heeft al snel begrepen dat ze om te overleven, zélf haar plan zal moeten trekken en het kan geen toeval zijn dat 'God bless the child who got his own' later haar lijflied zal worden.

Billie vindt werk in het speelhol annex bordeel van hoerenmadam Alice Dean. Billie maakt de kamers schoon, doet de boodschappen en krijgt af een toe een slok gin of een joint. Maar de suprême beloning is als zij in de chique salon op een Victrolagrammofoon naar de platen van de geniale trompettist Louis Armstrong en de blueskoningin Bessie Smith mag luisteren. Voor het eerst hoort Billie Holiday melodieën zonder tekst, alsof de stem een instrument wordt.

Billie is twaalf jaar oud en begint te zingen in de *after hours*, de bars die na sluitingstijd nog open zijn. Ondanks de prohibitie circuleren *booze* en joints à volonté. De dronken mannen kicken op het lekkere *piece of cake* dat Billie is. Maar de avances beantwoordt ze met een krachtig *Kiss my ass* en voortaan zal de toekomstige *Lady Day* altijd een scheermes in haar kousenband dragen.

New York, New York

We schrijven 1927: Charles Lindbergh vliegt de Atlantische Oceaan over, Isidora Duncan sterft in een tragisch auto-ongeluk, de eerste sprekende film *The Jazz Singer* gaat in première en Billie Holiday is dertien jaar oud en reist helemaal alleen naar

New York. Zij neemt er haar intrek bij haar tante Sadie, die in Harlem woont.

De befaamde wijk Harlem is niet alleen het zwarte getto, Harlem is ook de culturele bakermat van de zogenaamde *black renaissance*, waar dichters, schrijvers en muzikanten hun zwarte huidskleur beleven en belijden.

Het zijn de hoogdagen van de blues: 'Crazy Blues' door Mamie Smith is de eerste gezongen plaatopname van een zwarte zangeres, er worden zelfs één miljoen exemplaren van verkocht.

De rijke blanken gaan in de fameuze Cotton Club uit de bol op de muziek van de gedistingeerde Duke Ellington en de maffe Cab Calloway. 'Blank in de zaal, zwart op het podium' is de code. Voor Billie is Harlem het paradijs en zij vindt er haar vader terug, die gitaar speelt bij het orkest van Fletcher Henderson. Wat men haar niet vertelde, is dat het huis waar zij onderdak heeft gevonden, eigenlijk een bordeel is. Op aandringen van haar tante én haar moeder gaat Billie zich ook prostitueren voor twintig dollar per beurt. Billie Holiday is veertien jaar oud.

Pretty Lady

Billie wordt opgepakt voor prostitutie, maar na een kort verblijf in de gevangenis gaat ze opnieuw optreden in de nachtclubs. Zij zingt van middernacht tot drie uur 's ochtends. Billie Holiday wordt slecht betaald, maar de klanten zijn gul met fooien die ze in het zijden slipje van de mooie zangeres stoppen. Billie heeft er snel genoeg van alsmaar bepoteld te worden door vieze venten en zatte vrouwen en op een dag eist ze gewoon handje contantje betaald te worden. Haar collega's kijken haar verwonderd en bewonderend aan en zullen haar voortaan 'Lady' noemen.

Op een koude winternacht van februari 1933 zit in de zaal producer John Hammond, die zoals altijd op zoek is naar nieuw talent. Hammond is nog maar drieëntwintig jaar oud, maar in de muziekbusiness heeft hij al een stevige reputatie. Hij heeft net een contract getekend met de beloftevolle maar onbekende klarinettist Benny Goodman en heeft die in een recordtempo tot de ongekroonde *King of Swing* gemaakt. Hammond heeft het stoutmoedige idee een duet op te nemen met Billy Holiday, de zwarte zangeres, en Benny Goodman, de blonde klarinettist. Het kan Hammond niets schelen dat hij de racistische taboes overtreedt en door de pers een *nigger lover* genoemd wordt.

John Hammond is een man met een eigenzinnige en feilloze smaak en met de regelmaat van een klok zal hij om de zoveel jaren een nieuwe ontdekking lanceren: Bob Dylan, Aretha Franklin, Leonard Cohen en Bruce Springsteen.

President Lester Young

Lester Young speelt op een oude, versleten saxofoon die bijeengehouden wordt met talloze touwtjes en elastiekjes, maar zijn sound is uniek. Lester komt uit Kansas City, waar hij in de fameuze big band van swingkoning Count Basie speelde.

Billie Holiday hoort Lester voor het eerst tijdens een jamsessie met trompettist Benny Carter. Weet Billie veel dat jaren later, namelijk in 1958, dezelfde Benny Carter en zijn band haar zullen begeleiden op het legendarische Jazz Festival van Monterey. Tussen de virtuoze saxofonist en de zwarte zangeres is het (muzikale) liefde op het eerste gezicht. Ze wandelen samen naar huis, maken grappen en vertellen elkaar over hun marihuanatrips. Als Lester haar vertelt dat in zijn hotelkamer een grote dikke rat zit en dat hij eigenlijk bang is om naar huis te gaan, nodigt Billie hem uit om zijn intrek bij haar en haar tante te nemen. Lester Young gaat in op het voorstel en noemt haar 'Lady Day', want inmiddels is het ochtendgloren aangebroken.

Billie is gecharmeerd door de zes jaar jongere Lester, die zich gedraagt als een echte gentleman. Voor haar is hij de beste muzikant, de eerste man die haar respecteert, met andere woorden: de belangrijkste man ter wereld, even belangrijk als Franklin D. Roosevelt, de president van de Verenigde Staten. Voortaan zal Billie hem 'Prez', president, noemen en alles met hem delen. Alles, behalve het bed.

On the road

De samenwerking met Lester Young duurt veertien jaar en samen nemen Billie en Lester meer dan vijftig onvergetelijke titels op. 'All of Me', 'The Man I Love' en 'Mean to Me' zijn, zo'n zeventig jaar later, nog altijd van het mooiste van wat er ooit op een grammofoonplaat werd gezet.

Maar het succes kent ook zijn schaduwzijde. Billie's vader sterft in een miezerige kamer in Dallas omdat hij, zwaar ziek als hij is, als zwarte niet wordt opgenomen in het hospitaal dat door blanke artsen gerund wordt.

Maar *the show must go on*. Billie vertrekt op tournee met het orkest van Count Basie. Ze leggen dagelijks zo'n 800 kilometer af in een gammele toerbus. Elke dag herhaalt zich hetzelfde scenario: men komt aan in een groezelige hotelkamer, men bekijkt het bed, men gaat naar het concert, men gaat uit, men komt terug in hotel, men kijkt nog eens naar het bed, men pakt zijn koffer en men stapt opnieuw op de bus voor de volgende honderd kilometer. Maar op de bus – en elders – wordt er heel wat lol getrapt met de *boys in the band*.

Wanneer Billie Holiday een jaar later met het blanke orkest van klarinettist Artie Shaw op tournee gaat, is de sfeer helemaal anders. Billie mag in de restaurants waar de muzikanten gaan eten niet binnen, zij moet in de openlucht plassen en ze kan alleen in de concertzaal via de dienstingang. Om op haar kamer te geraken moet zij de goederenlift nemen. Billie overleeft de permanente vernederingen met zware dosissen gin en marihuana.

Strange Fruit

De namiddag van maart 1939 schrijft de joodse onderwijzer en vakbondsman Abel Meeropol een song die geïnspireerd is op een verschrikkelijke foto uit 1930. De foto toont twee zwarten die in een boom opgehangen werden. Zij werden terechtgesteld door een opgehitste menigte, zonder enige vorm van proces. Naar een blanke vrouw kijken, vloeken of een dure wagen kopen was voor de zwarte al genoeg om een doodvonnis te krijgen. Hij wordt opgehangen en zijn lijk wordt verbrand, of men bindt het kadaver aan de bumpers van een wagen en rijdt ermee door de straten, of men snijdt de vingers en de penis af om ze te bewaren op sterk water. Voor de blanke bevolking van het diepe Zuiden is elke lynchpartij een welgekomen zondagse ontspanning. Men gaat er met de hele familie, kinderen inclusis, naartoe. Na de moordpartij volgt er een vrolijke picknick.

Maar in de 'Big Apple' houdt men er gelukkig andere opvattingen op na. In de alternatieve New Yorkse *Café Society* in Greenwich Village zegt men resoluut neen tegen elke vorm van racisme. Blank en zwart zitten er naast elkaar, zowel in de zaal als op het podium. Elke avond staat er op het programma een optreden van Billie Holiday, die op dat moment op het toppunt van haar kunnen is. Het is de *place to be* en onder de klanten herkent men de bigshots, de filmvedetten Charlie Chaplin, Errol Flynn, Lauren Bacall en ook de zangeres Sarah Vaughan. Elke avond verloopt volgens hetzelfde scenario. Keer op keer geeft Billie het beste van zichzelf in een aangrijpende *tour de chant*. Na haar optreden komt Lady Day nog één keer voor een laatste bisnummer. Dan stoppen de obers met serveren, alle lichten gaan uit en slechts één schijnwerper belicht het gezicht van Billie. En dan zingt zij het aangrijpende 'Strange Fruit'.

Southern trees bear a strange fruit
Blood on the leaves and blood at the root
Black body swinging in the southern breeze
Strange fruit hanging from the popular trees.

Het publiek is zo onder de indruk dat het gewoonweg vergeet te applaudisseren. Abel Meeropol, de auteur van de song die een echte oorlogsverklaring was, komt vijftien jaar later opnieuw in het nieuws. In 1953, in volle Koude Oorlog, adopteert hij de twee zonen van Julius en Ethel Rosenberg, het communistische echtpaar dat datzelfde jaar geëxecuteerd zou worden wegens spionage voor Rusland.

Jazz in de Met

Producer John Hammond vindt *Strange Fruit* maar niks en Billie's platenfirma Columbia vreest voor represailles in het Zuiden als zij de harde protestsong op plaat zouden zetten. Maar Billie laat zich niet doen en zij stapt resoluut naar het kleine Commodore Records, een links, progressief label. Om de pil te vergulden graveert zij op de B-kant het sensuele en populaire *Fine and Mellow*.

Strange Fruit wordt het strijdlied van de linkse syndicalisten en belandt in juli 1939 op de zestiende plaats van de hitparade.

Een paar maanden later wordt Billie, die altijd al een uitgesproken voorkeur had voor de verkeerde mannen, verliefd op Jimmy Monroe, een gladde gigolo met mooie kostuums en iets te veel brillantine in het haar. Jimmy neemt haar mee uit en leert haar de geneugten van opium en heroïne kennen.

Billie is zesentwintig, zij is razend populair en alle groten van de jazz willen met haar optreden. Zowel trompettist Roy Eldridge als pianist Art Tatum, vibrafonist en orkestleider Lionel Hampton staan te trappelen om met Lady Day op het podium te mogen.

Het populaire magazine *Life* wijdt twee volle bladzijden aan de zwarte ster. Datzelfde jaar wint zij de poppoll van het chique blad *Esquire*, als populairste zangeres, vóór Ella Fitzgerald. Op 18 januari 1944 geven alle winnaars een groot concert in de immense zaal van de Metropolitan Opera. Op het podium staan onder meer Louis Armstrong, Coleman Hawkins en Art Tatum. Billie Holiday is de eerste zwarte vrouw die in deze 'Heilige Halle' mag optreden.

Black & Blue

In 1946 verliest Billie haar moeder. Om de dood wat kleur te geven staat zij erop dat haar moeder in een roze satijnen lijkwade begraven wordt. Heroïne en alcohol zijn Billie's enige troost. Het beeld van haar grootmoeder die in haar armen stierf, spookt opnieuw voortdurend door haar hoofd.

En dan zijn er de mannen. De ene nog crapuleuzer dan de andere. Pooiers, gokkers, zware jongens die haar gebruiken, misbruiken en op tijd en stond eens goed aftuigen. Billie vraagt om klappen, zij koopt zelfs een zweep om af en toe eens goed afgeranseld te worden.

Maar op het podium is zij de 'Lady', de blauwe plekken van de slagen en de wonden van de heroïnenaalden zijn verstopt onder een dikke laag schmink. Een witte orchidee moet de illusie van complete *happiness* geven.

Met tranen in de ogen en een krop in de keel brengt Billie Holiday elke avond 'My Man' en ze weet verdomd goed waarover ze het heeft als ze de woorden zingt: *He's not much on looks, he's no hero out of books. But I love him. He isn't true, he beats me too. But I love him.*

Jailhouse Rock

In januari 1947 doet de politie razzia's in de jazzclubs van de swingende 52nd Street. Billie kan de dans ontspringen en laat zich opnemen voor een ontwenningskuur. Ze heeft amper de kliniek verlaten of ze hervalt in haar slechte gewoonten. Deze keer wordt ze opgepakt door de politie en ze vliegt achter de tralies.

Om af te kicken krijgt Billie een mix van nembutal en barbituraten, maar het meeste soelaas vindt ze in haar in het geheim zelfgestookte whisky van aardappelschillen. Haar medegevangenen vragen haar dikwijls om te zingen: 'Ik ben hier om te boeten, niet om te zingen' is haar kordate antwoord.

Gedurende de acht maanden die zij in de gevangenis doorbrengt, zal Billie Holiday niet één noot zingen.

Op 16 maart 1948 komt ze door goed gedrag voortijdig vrij. Wanneer Bobby Tucker, haar manager, haar aan de trein gaat afhalen, ziet hij een gezonde Billie. Maar schijn bedriegt. Algauw heeft Tucker begrepen dat zijn protegee zo stoned is als een garnaal – bij het overstappen in Washington stond een dealer haar op te wachten.

No hard feelings. Als gewiekste impresario heeft Tucker een groot welkomstconcert voor haar georganiseerd in het prestigieuze Carnegie Hall en op enkele dagen zijn de 2700 tickets verkocht. Het concert is een immens succes. Billie's verblijf in de gevangenis heeft haar stem sterker en haar populariteit nog groter gemaakt.

Ook in de liefde gaat het haar voor de wind. Billie is smoorverliefd op John Levy, een gangsterjongen. John trakteert haar op een blauwe bontjas, een glimmende Cadillac en op tijd en stond een goeie rammeling, want dan 'zingt ze nóg beter', aldus de lepe maffiaboy.

Miles Davis

Het podium is de plaats waar Billie helemaal zichzelf kan zijn. Elk optreden is een lange melopee waarin zij smeekt om liefde en begrip. Een criticus omschrijft het heel juist als volgt: 'Wanneer Ella Fitzgerald *My Man is gone* zingt, dan denk je dat haar vent even om een brood bij de bakker is. Bij Billie Holiday is haar man wég. Echt weg, om nooit meer terug te keren.'

In 1950 zal Billie Holiday het hele jaar door van de ene stad naar de andere reizen. Overal krijgt ze staande ovaties, maar haar privéleven is één grote puinhoop. Ze is vijfendertig jaar oud en zou het graag uitmaken met John Levy, maar ze is bang voor de represailles.

Eind december 1950 staat er in het voorprogramma van Billie Holiday in de Hi-Note Club in Chicago een jonge, beloftevolle zwarte trompettist die de pannen van het dak speelt. Een paar maanden eerder werd de elegante jongeman in Los Angeles opgepakt voor het bezit van heroïne. Zijn naam is Miles Davis.

Lover Man

Billie Holiday zit zonder man en voelt zich helemaal alleen. Op de eenzame hotelkamers breit ze manteltjes voor haar chihuahua. Zij verveelt zich, rookt zo'n honderd sigaretten, drinkt een fles cognac per dag en op tijd en stond zet zij een shot heroine. Maar wanneer een zekere Bobby MacKay de Juana Club binnenstapt, heeft Billie het gevoel dat haar 'Lover Man' eindelijk is aangekomen. Bij hem voelt ze zich veilig. Bobby organiseert haar leven en haar concerten.

In de Storyville, een gerenommeerde jazzclub in Boston, speelt zij met het briljante kwintet van tenorsaxofonist Stan Getz. Hij is de man die later aan de West Coast het mooie jazzweer zal maken, samen met die andere junk, de briljante trompettist Chet Baker.

De gezaghebbende criticus Nat Hentoff schrijft dat zij nog nooit zo goed gezongen heeft. Billie Holiday is zevenendertig jaar oud en verdient vierduizend dollar per week.

Jazztycoon Norman Granz creëerde de prestigieuze concerten *Jazz at the Philharmonic* en geeft de jazz zijn adelbrieven. Dankzij Granz spelen de jazzmuzikanten niet alleen meer in loense bars, maar ook op de meest prestigieuze podia van de wereld, die tot dan voorbehouden waren aan de vertolkers van klassieke muziek. De opnamen in het Concertgebouw in Amsterdam, de Salle Pleyel in Parijs en het Paleis voor Schone Kunsten in Brussel getuigen nog altijd van de topkwaliteit van die onvergetelijke concerten van weleer.

Op 13 september 1952 is Billie Holiday de verrassingsact op het unieke *Jazz at the Philharmonic* in Carnegie Hall. Op de affiche staan niemand minder dan Ella Fitzgerald, Lester Young, Roy Eldridge en Oscar Peterson. Het toonaangevende jazzmagazine *Downbeat* is vol lof over het onvergetelijke concert, maar is niet mals voor Billie Holiday: 'Billie leek heel nerveus en zong zonder overtuiging. Haar optreden was één grote ontgoocheling.'

In december 1953 tekent Billie Holiday een contract voor een tournee door heel Europa. Overal krijgt ze, ondanks de wisselvallige kwaliteit van haar optredens, staande ovaties. Na haar concert in de Salle Pleyel, waar ze meer dan lichtjes dronken op het podium staat, schrijft de immer enthousiaste Boris Vian: 'Al jaren wachten wij op de Lady. Maar al die jaren hebben niets afgedaan aan haar talent. Haar stem is als een goede wijn die alsmaar beter wordt.'

Parijs, de thuishaven van de jazzmuzikanten, is één groot feest en Billie ontdekt een nieuwe cocktail: pernod aangelengd met cognac. Soms is ze zo dronken dat de optredens afgelast moeten worden.

Lady Sings the Blues

Carnegie Hall september 1954. Op de affiche staan Count Basie, Sarah Vaughan en het Modern Jazz Quartet. Wanneer Billie aan de beurt is, moeten de organisatoren haar dronken uit haar loge sleuren. Het orkest zet 'Blue Moon' in, maar Billie is te dronken om het thema te herkennen. De zaal scandeert: 'Blue Moon, Blue Moon, Blue Moon.' Een valse start... maar de Lady herpakt zich snel en ze zal een onvergetelijk optreden van anderhalf uur geven.

Ondanks haar verslaving geeft Billie Holiday nog prachtige concerten, zoals op het eerste jazzfestival van Newport in 1954, waar ze begeleid wordt door de virtuoze baritonsaxofonist Gerry Mulligan. Haar oude kompaan, Lester Young, die in de coulissen zijn beurt afwacht, kan het niet nalaten te gaan meespelen. Het ultieme weerzien van Lady en Prez wordt een laatste opflakkering.

Wanneer de geniale Charlie Parker op vierendertigjarige leeftijd sterft aan totale uitputting en verslaving aan alles en nog wat, beseft Billie dat ook haar einde nabij is. Met William Dufty, een tweederangsjournalist, schrijft zij haar – zeer onbetrouwbare – autobiografie *Lady Sings the Blues*. Verhalen over seks verkopen goed en Billie heeft geld nodig, want soms zijn haar optredens zo slecht dat ze nauwelijks uitbetaald wordt. Ze drinkt cognac in volle bierglazen en spuit speedballs, een dodelijke mix van heroïne en cocaïne. Haar armen staan vol kleine zweertjes die etteren. De littekens verbergt ze onder lange witte mouwen. Haar benen zijn opgezwollen door oedeem en hele dagen lang doet ze niets anders dan televisie kijken. Ze heeft haar eigen fixer die haar op tijd en stond een shotje brengt. Toch maakt ze nog het ontroerende album *Songs for Distingué Lovers*.

The End

Tijdens haar optredens is Billie Holiday meestal ladderzat en om niet om te vallen leunt ze de hele tijd tegen de piano. Een tournee in Europa is één lange lijdensweg van vallen (letterlijk dan) en opstaan. In Parijs is de maat vol en *Jazz Hot* schrijft: 'De tour de chant van Billie Holiday was een pijnlijke vertoning, het was één en al masochisme. Miss Holiday is een impotente karikatuur geworden van wat zij ooit is geweest.' Om haar retourticket te kunnen betalen zingt ze in kleine clubs, begeleid door haar trouwe pianist Mal Waldron. Maar in de zaal zitten nog altijd de onvoorwaardelijke fans: Juliette Gréco, Serge Gainsbourg en Françoise Sagan. Sagan schrijft in haar memoires: 'Billie Holiday was mager en oud. Haar armen stonden vol littekens. Haar optreden was pijnlijk, maar wij vonden het allemaal prachtig.'

De laatste vijf jaar van het leven van Billie zijn een wrede reis naar het einde van de nacht: klinieken, overdosissen, ontwenningskuren, heropflakkeringen, maar zij is óp. Op 17 juli 1959, om drie uur in de namiddag, sterft Billie Holiday. *God bless you*, Billie.

Bibliografie

Fol, S. *Billie Holiday*, Gallimard, 2005.
Gerber, A., *Lady Day. Histoire d'Amours*, Fayard, 2005.
Holiday, B., *Lady Sings the Blues*, Collections Eupalinos, 2003.
Margolick, D., *Strange Fruit. The Biography of a Song*, Harper Perennial, 2001.

Coco Chanel

(1883-1971)

Onze vader

Albert Chanel stamt uit een gezin van negentien kinderen. Hij is marskramer in het zuiden van Frankrijk en leurt met beddengoed, potten en pannen, emmers en borstels. Albert is een knappe man, een flierefluiter met een zwak voor goedkope wijn en gemakkelijke vrouwen. Zijn scenario is dat van Don Juan: verleiden, beminnen en het hazenpad kiezen. Op een van zijn tochten maakt hij Jeanne Devolle, de knappe dochter van een cafébaas, zwanger. Albert vlucht weg en zal in de toekomst het kleine dorpje Courpières op zijn route zorgvuldig vermijden. De ouders van het meisje laten het daar niet bij en organiseren een ware klopjacht. Albert wordt teruggevonden, erkent het kind, maar wil helemaal niet trouwen. In 1882 bestaat de echtscheiding nog niet en Albert wil zich niet binden. Het kind is een meisje. Albert noemt zijn dochtertje Julia. Een klein jaar later, in 1883, volgt er een tweede meisje, Gabrielle, die als Coco Chanel wereldberoemd zal worden.

In het klooster

Na de geboorte van een tweede meisje wil Albert Chanel eindelijk trouwen en hij neemt zijn gezin mee op zijn zwerftochten langs markten en kermissen. Het leven van straatventer is een harde stiel. Dagelijks trekt Albert met zijn vrouw en kinderen in weer en wind langs de barre wegen van het Franse platteland. Wanneer Jeanne van uitputting sterft, laat Albert zijn twee dochtertjes achter in het klooster van Saint-Coeur de Marie in Obazine. Gabrielle is twaalf jaar oud. 'Toen ik twaalf was hebben ze alles van mij afgenomen en ben ik gestorven', zal Gabrielle later zeggen. In het klooster bevindt zich ook Adrienne, de jongste telg van de negentien kinderen van een andere tak van de familie Chanel en een zus van haar vader Albert. Hoewel Adrienne jonger is dan Gabrielle is zij eigenlijk haar tante. De twee meisjes worden onafscheidelijk.

Na drie maanden in het weeshuis ontvangt Gabrielle een groot pak: het is een prachtig kanten communiekleed. Een excessief cadeau van een onwaardige vader die in één keer alles goed wil maken. De jonge Gabrielle is in de zevende hemel. Zij vertelt aan haar kameraadjes dat haar papa in New York woont, waar hij Franse wijnen importeert.

In het klooster leert Gabrielle koken en naaien, maar ze moet er vooral veel bidden. Gelukkig komt er na drie jaar een einde aan het trieste kloosterleven: haar tante Louise en haar oom Paul nodigen Gabrielle en Adrienne uit om de grote vakantie door te brengen in Varennes-sur-Allier, ergens in de Auvergne.

Varennes mag dan wel een minuscuul dorp van amper 3000 inwoners zijn, het is daar dat Gabrielle voor het eerst over mode hoort spreken. Haar tante Louise heeft immers een zwak voor hoeden.

Coco

In 1902 mogen Gabrielle en Adrienne eindelijk het klooster verlaten. De nonnen hebben voor hen werk gevonden in Moulins, meer bepaald in kledingwinkel A Sainte Marie. Gabrielle en Adrienne moeten de klanten ontvangen, de bestellingen opnemen en de kleren herstellen. Het duo is zo handig dat elke burgervrouw van Moulins door hen bediend wil worden. Sommigen bestellen zelfs een kleed bij het ijverige en sympathieke duo.

Met de winst van hun naaiwerk gaan Gabrielle en Adrienne op stap in La Rotonde, een café chantant dat de pleisterplaats is van de officieren die in Moulins gekazerneerd zijn. Elke zondagnamiddag is er een talentenjacht. Op een mooie dag klimt Gabrielle op het podium en zingt het populaire deuntje dat op dat moment in de mode is: 'Ko Ko Ri Ko'. De officieren juichen en ze brengt een tweede nummer: 'Qui qu'a vu Coco dans le Trocadero'. Triomf alom en de enthousiaste soldaten scanderen om ter luidst: 'Coco, Coco, Coco'. En zo krijgt Gabrielle, 'Coco', een contract én een naam.

Gabrielle heeft de smaak van het variété te pakken, zij waagt haar kans in het chique casino van het mondaine Vichy en volgt zang- en danslessen. Zij doet ook nog audities bij de musichall l'Alcazar, maar voor een echte zangcarrière heeft Gabrielle haar fysiek niet mee: ze is te mager en haar stem is ook niet wat ze zou moeten zijn.

Van vrouwen, paarden en hoeden

Al heeft Coco geen succes als *chanteuse* toch is het lot haar goedgezind. In Vichy ontmoet ze Etienne Balsan, de erfgenaam van een rijke familie. Zijn passies zijn vrouwen en paarden. Etienne neemt Gabrielle mee naar de paardenkoersen, leert haar paardrijden en noemt haar Coco. Gabrielle zou Coco niet zijn als ze niet als een vrouw, in amazonezit, op het paard wil zitten, maar wel wijdbeens als een man. Zo gezegd, zo gedaan. Ze leent de rijbroek van een stalknecht en laat die bij een kleermaker op haar figuur namaken.

Op de renbaan ontmoet ze Arthur Capel, een Engelsman met de bijnaam 'Boy'. Er wordt gefluisterd dat hij een van de vele bastaardkinderen zou zijn van Edward VII, de toenmalige prins van Wales en later de koning van het Verenigd Koninkrijk.

Arthur Capel is een uitstekend ruiter en een meer dan verdienstelijk polokampioen. Als Gabrielle Boy bij de paardenkoersen vergezelt, ergert ze zich blauw aan de hoeden van de vrouwen: 'Het zijn enorme taarten, monumenten van lelijkheid.' Gabrielle – of liever Coco – neemt het besluit hoeden te maken.

De rijke Etienne Balsan, die haar niets kan weigeren, installeert haar in een minuscule *garçonnière* op de Boulevard Malherbes in Parijs en leent haar ook het geld om een handelszaak over te nemen. Coco is 26 en neemt haar intrek in het pand dat gedurende een halve eeuw onlosmakelijk aan haar naam verbonden zal zijn: 21, rue Chambon, Parijs.

Op het gelijkvloers bevindt zich het atelier en op de eerste verdieping een groot appartement, aan de deur staat er een plakkaat met 'Chanel Modes'. Een beetje verderop woont haar grote liefde, 'Boy' Arthur Capel.

Echte en valse chic

Boy is niet de eerste de beste playboy. Hij leest de filosofen Nietzsche en Voltaire, gaat met zijn geliefde naar de opera en stelt haar voor aan de revolutionaire choreografe Isidora Duncan. Hij doet haar ook een tweede winkel in Deauville cadeau. Chanel verkoopt niet alleen hoeden, maar presenteert ook haar eerste ontwerpen: eenvoudige pullovers, geïnspireerd op de sweaters van de stalknechten en op de streepjestruien van de vissers. Het motief van stoere matrozen met stoute billen zal jaren later door Jean-Paul Gaultier hernomen worden.

Coco Chanel heeft een hekel aan de creaties van de toenmalige modekoning Paul Poiret: beklemmende jurken in zware stoffen, waarin het lichaam helemaal vastgesnoerd zit. Chanel prefereert breiwerk, lichte vesten en katoenen rokken.

In 1914 verschijnt er een reeks albums 'Le Vrai et le Faux Chic'. Coco Chanel staat voor de echte chic. De Eerste Wereldoorlog breekt uit en de strakke snit van Chanel past goed bij de bittere armoede van de oorlogsjaren. Omdat ze met eenvoudige materialen werkt, kan ze haar winkels tijdens de Eerste Wereldoorlog draaiende houden. De jaloerse Paul Poiret noemt de Chanel-look 'De armoede van de miljardair'.

Coco, met haar slanke, haast jongensachtige lichaam, heeft een uitgesproken voorkeur voor mannenkleren en flirt heel graag met de mysterieuze charme van het androgyne.

'Ik heb aan de vrouw de vrijheid van haar lichaam gegeven'

Door de oorlog zijn stoffen in 1916 zeer zeldzaam. Gelukkig ontmoet Coco Chanel stoffenmaker Jacques Rodier, die met een hele stock onverkochte jersey zit. Die stoffen vindt Coco ideaal voor haar nieuwe ontwerpen.

Met haar eenvoudige, losse creaties haalt zij datzelfde jaar de cover van *Harper's Bazaar* met een jurk in één stuk. De jurk heeft geen nauwe taille, maar ze heeft achteloos een sjaal om de lenden geknoopt. Daarop wordt een gilet gedragen, precies zoals de mannen dat doen. De Amerikanen hebben woorden te kort voor de nieuwe trend en noemen het gewoonweg *a charming dress of Chanel.*

In haar niet te stuiten drang naar innovatie gaat Coco Chanel de jurken ook korter maken, wat tijdens de strenge oorlogsjaren een klap in het gezicht is van de conservatieve modewereld. Haar concurrent Paul Poiret had het al eerder gewaagd een voet te laten zien, maar Chanel toont de enkel, en zelfs een beetje meer. Zij gaat nog een stap verder. Waar voordien in de vrouwenmode het accent vooral lag op de versiering, met rijke stoffen, borduurwerk, kant en veel juwelen, keert Coco Chanel terug naar de basis. De silhouet en de lijn moeten primeren. De mode wordt ontdaan van alle tierelantijntjes en keert terug naar de essentie.

De Eerste Wereldoorlog is volop aan de gang. De mannen vechten in de modderige loopgrachten en de vrouwen gaan – noodgedwongen – meer en meer deelnemen aan het actieve leven. De vrouw is niet langer het boudoirpoppetje uit de verhalen van Guy de Maupassant, maar een dynamische arbeidskracht die haar mannetje staat in de fabriek en op het kantoor. Deze 'nieuwe vrouw' kan niet gaan werken in de salonkleren van Monsier Paul Poiret. Nu de vrouw deelneemt aan het actieve leven heeft ze soepele kleren nodig waarin ze zich zonder gêne kan bewegen.

Zo'n vijftig jaar vóór het *Down with the Bra* van het Woman's Liberation proclameert de revolutionaire Coco Chanel: 'Ik heb aan de vrouw de vrijheid van haar lichaam teruggegeven. Dat lichaam dat zweette onder versieringen, frullen, prullen en korsetten.' De vrouwen van Marcel Proust behoren eens en voor altijd tot de *temps perdu*.

Mademoiselle

Ondertussen zit Boy ook niet stil. In 1917 publiceert hij *Reflections on Victory and a Project for the Federations of Governments*. De *Times Literary Supplement* is erover verbaasd dat een polospelende zakenman zo'n intelligent boek kan schrijven. Boy heeft zich ook verloofd met de rijke Diana Lister en onderhoudt Coco als officiële maîtresse.

De bommen vallen op Parijs en Chanel ontwerpt voor rijke klanten van het Ritz Hotel een witte satijnen pyjama waarmee zij zich ongegeneerd in de donkere schuilkelders kunnen vertonen.

Te midden van het oorlogsgeweld ontmoet Chanel een zekere Misia Sert. Zij is de kleindochter van de wereldberoemde cellist François Servais, die zijn prachtige villa in Halle openstelt voor zijn vrienden Franz Liszt, George Sand en Hector Belioz. 'Zij is de enige vriendin die ik ooit had', zal Chanel later zeggen. Misia is een echte *art freak* en ze introduceert Coco bij de artistieke avant-garde: Stravinsky, Picasso, Erik Satie en Jean Cocteau.

Op 11 november 1918 wordt de wapenstilstand getekend en is het tijd voor *les années folles*. Overal danst men de tango of de foxtrot. Het zakencijfer van Coco Chanel blijft alsmaar stijgen. Zij koopt een donkerblauwe Rolls Royce met zwarte lederen zetels. Voortaan noemt haar personeel haar 'Mademoiselle'. Mademoiselle wordt gevreesd en geliefd, is veeleisend en heeft verschrikkelijke woedeaanvallen.

Les Ballets Russes

Op de morgen van 22 december 1919 krijgt Coco Chanel het bericht dat Boy is omgekomen in een auto-ongeluk. Ze wordt opgevangen door haar goede vriendin Misia Sert, die haar meeneemt naar Venetië. Daar stelt Misia haar voor aan de geniale Serge Diaghilev. Diaghilev is de bevlogen impresario van de unieke *Ballets Russes*. Hij is zoals altijd op zoek naar sponsors voor zijn nieuwe productie, die *Le Sacre du Printemps* zal heten. De muziek is van Igor Stravinsky en Coco Chanel is meer dan gecharmeerd door de uitstraling van een van de grootste componisten van de twintigste eeuw.

Terug in Parijs schenkt zij aan Diaghilev een cheque van 300.000 frank, op voorwaarde dat hij nooit zal verklappen wie de milde weldoener is. Stravinsky mag met zijn gezin zijn intrek nemen in de mooie villa van Coco in Garches, even buiten Parijs. Chanel voelt zich zeer verwant met Stravinsky, want beiden zijn met hun eigen artistieke revolutie bezig.

Chanel N° 5

Jaren vóór Chanel hadden de couturiers al lang begrepen dat er een band bestaat tussen de mode en het parfum. Zij gebruikten echter zware parfums met de geur van bloemen en gaven hun extracten zwoele namen als 'Lucretia Borgia' of 'Nuits de Chine'. Het was een ware luxe te ruiken naar gardenia, jasmijn of rozen. Omdat de parfums heel efemeer waren, rook men bij het begin van de avond heel fel. Ook hierin is Chanel revolutionair. Zij creëert een parfum dat blijft 'hangen' en waarvan de geur ondefinieerbaar is. In Grasse ontmoet ze chemicus Ernest Beaux, die tachtig verschillende ingrediënten met elkaar mengt. Chanel twijfelt tussen de vierde en de vijfde mixtuur. Haar keuze is geschiedenis.

Ook de verpakking is vernieuwend. Vroeger bestonden de parfumflacons uit kostbaar kristal en hadden ze de vorm van een ballerina of van een cupido. Chanel kiest voor kubistische eenvoud: een vierkant flesje met zwarte letters en daarop haar logo, twee ineengestrengelde C's. Haar eeuwige concurrent Paul Poiret noemt de creatie 'de luxe van het miserabilisme'. Miserabilisme of niet, het geld stroomt binnen en Coco Chanel koopt een statig herenhuis op de Faubourg Saint-Honoré. Ze decoreert het met enorme witte bloementuilen. Haar woonst is de thuishaven van de fine fleur en van de artistieke bohème: Pablo Picasso, componist Francis Poulenc en natuurlijke de onontkoombare en immer fladderende Jean Cocteau.

The man I love

Te midden van haar vele gasten is er één die Coco bijzonder opvalt, namelijk de dichter Pierre Reverdy. Reverdy is een sombere, stille man die altijd in het zwart gekleed gaat en die een haast ziekelijke neiging voor eenzaamheid heeft. Volgens André Breton, de paus van de surrealisten, is Reverdy de grootste Franse levende dichter. Reverdy is, op zijn zachtst gezegd, een vat vol tegenstrijdigheden: hij is een briljante causeur maar kan uren zwijgen. Hij veracht geld, maar is dol op luxe. Het genot vindt hij niet in het plezier, maar in de excessen: te veel roken, te veel eten, te veel drinken, te veel... Tot hij ervan walgt. Aan de andere kant is hij geobsedeerd door zuiverheid. Hij bekeert zich en op 2 mei 1921 laat hij zich dopen. Vijf jaar later verbrandt hij al zijn manuscripten en trekt zich terug in Solesmes, in een klein huisje vlak bij de abdij.

Haar hele leven lang zal Coco Chanel het opnemen voor de miskende dichter. Ze ergert zich terecht aan het succes van de oppervlakkige Jean Cocteau, die volgens haar meer dandy dan dichter is. Als in 1961 de Franse president Georges Pompidou een bloemlezing van de Franse poëzie publiceert, waarin Reverdy ontbreekt, ontsteekt Coco Chanel in een blinde woede: 'Waarop trekt die bloemlezing nu, de eerste de beste schooljongen zou het beter doen.'

In Parijs gaat het feest verder. Op 10 januari 1922 gaat er een nieuwe club open: de legendarische Boeuf sur le Toit. De barpianist Clément Doucet speelt er de deuntjes die in de mode zijn: 'The Man I love', 'Black Bottom' en 'Sometimes, I'm happy', en op sommige avonden begeleidt Jean Cocteau (!) hem op de drums. Dit is de *place to be* en Marcel Proust zucht van op zijn ziekbed: 'Kon ik maar eens een keertje gezond zijn, om naar de cinema en de Boeuf sur le Toit te gaan.'

'Chanel gaat Grieks'

'Chanel gaat Grieks', schrijven de kranten. Coco ontwerpt de kostuums van het Griekse treurspel *Antigone* in een bewerking van Cocteau. De muziek is van Arthur Honegger en Pablo Picasso ontwerpt de decors. De kritiek is verdeeld, maar iedereen vindt haar kostuums geweldig. Jean Cocteau, die nooit om een *bon mot* verlegen zit, verklaart: 'Ik heb de grootste couturière van onze eeuw gevraagd. Ik kan mij niet inbeelden dat de dochters van Oedipus slecht gekleed zouden gaan.' Theatericoon Antonin Artaud speelt de rol van Tiresias en Man Ray is de setfotograaf.

De volgende opdracht van Mademoiselle Chanel is *Le Train Bleu*, een nieuwe productie van de geniale Diaghilev. Het decor is de Côte d'Azur, waar baadsters, golfspelers en tenniskampioenen elkaar opvrijen.

Waar Coco Chanel de meest gekke en exuberante kleren voor de bühne ontwerpt, blijft zijzelf zich heel eenvoudig kleden: een zwarte jurk in crêpe de Chine is voor haar al meer dan genoeg. Ze knipt haar haren kort en lanceert de *coupe à la garçonne*. Een welgekomen trend in een époque waarin het androgyne de *bon ton* is.

The Duke of Westminster

De hertog van Westminster is de rijkste man van Engeland, Winston Churchill is zijn goede vriend en koningin Victoria is zijn meter. Zijn butler moet elke ochtend zijn veters strijken, maar de hertog zit er niets mee in dat er gaten in zijn zolen zitten. Hij is collectioneur: Rubens, Velāzquez, Raphaël, Goya en acht Rolls Royces. Hij is gescheiden, verveelt zich en is gefascineerd door de briljante Parisienne. Hij maakt haar het hof: liefdesbrieven en orchideeën uit de koninklijke serres van Buckingham Palace worden door bijzondere koeriers van Londen naar Parijs gebracht. Hij nodigt haar uit voor cruises op de Cutty Sark en voor reisjes met zijn privéluxetreinen. Coco zwicht voor de schatrijke man die de nonchalance van een clochard heeft.

Toeval of niet, maar van 1926 tot 1931, de vijf jaren die hun romance duurde, is de chanelmode heel Brits: vesten in tweed, de voorlopers van de wereldberoemde *tailleur Chanel*, gilets met brede strepen en truien van Schotse wol.

Wanneer ze verneemt dat Diaghilev in Venetië op sterven ligt, reist ze meteen naar de Dogestad. Zij regelt alle formaliteiten en betaalt de begrafenis. Als de danser Serge Lifar op zijn knieën de begrafenis van zijn minnaar en meester wil volgen, beveelt ze hem te stoppen met die zottigheid.

Als haar grote liefde Pierre Reverdy weer in Parijs opduikt, zwicht zij voor de sombere charme van de *poète maudit* en zij gaan op stap in de jazzclubs van Saint-Germain-des-Prés.

Hollywood

De naam en de faam van Coco Chanel worden alsmaar groter. Zij heeft 4000 naaisters in dienst en zij verkoopt jaarlijks 28.000 jurken tegen een zeer hoge prijs. In Monte Carlo ontmoet zij filmtycoon Samuel Goldwyn. Hij biedt haar één miljoen dollar aan om naar Hollywood te komen en er zijn stars te kleden, niet alleen op het scherm, maar ook in het dagelijkse leven. Goldwyn wil zijn vedetten een nieuwe look geven: de chanel-look. In april 1931 reist Coco met haar vriendin Misia Sert naar het mekka van de film. Zij wordt er verwelkomd door de diva's Greta Garbo, Gloria Swanson en Marlene Dietrich. Al snel blijkt dat het idee van Goldwyn niet haalbaar is. De klassieke soberheid van Chanel past niet bij de kitscherige glamour van Hollywood.

Terug in Parijs ontwerpt Coco Chanel juwelen in eenvoudige materialen. Chanel heeft een hekel aan goud en diamant, aan juwelen die rijkdom uitstralen. 'Je kunt even goed een cheque om je hals dragen', zegt ze. Chanel maakt colliers met gekleurd glas, armbanden in email en sieraden met gekleurde stenen.

Ondertussen blijft ze kostuums maken voor het theater: *Oedipus Rex* van Jean Cocteau en voor de filmklassieker *La Règle du Jeu* van Jean Renoir.

Het begin van het einde

De stakingen van 1936 zorgen voor een echte omwenteling in het huis Chanel. Mademoiselle neemt het niet dat haar werknemers staken. De onderhandelingen met het personeel zijn hard. Ten einde raad schenkt Chanel het bedrijf aan haar werknemers. Zij zal enkel nog een betaalde directrice zijn, dat is uiteindelijk wat zij al lang wil: leiding geven en creëren.

Maar er zijn ook kapers op de kust. Elsa Schiaparelli, telg uit een adellijke Romeinse familie, installeert zich op de Place Vendôme, op enkele meters van het huis Chanel en verklaart: 'Het is gedaan met Coco Chanel.' Een gedurfde uitspraak. In 1938 sluit Coco Chanel haar naaiateliers en zet 2500 naaisters op straat. Het gerucht doet de ronde dat het haar wraak is voor de stakingen van 1936. Maar er is meer: Chanel heeft begrepen dat door de nakende oorlog die voor de deur staat, de tijd van de elegante kleren voorbij is.

De Duitse jaren

Hans Gunther von Dincklage is een diplomaat op de Duitse ambassade. Hij is een echte aristocraat, spreekt vloeiend Engels en Frans, houdt van muziek en literatuur en is een voortreffelijk danser. Zijn vrienden noemen hem 'Spatz', omdat hij de lichtheid van een mus heeft. Wat niemand weet, is dat 'Spatz' onder rechtstreeks bevel van Dr. Goebbels staat. Chanel vraagt hem om tussenbeide te komen voor de repatriëring van een ver familielid en zoals in de goedkoopste soap ontstaat er een idylle tussen de knappe Duitse officier en de vereenzaamde modekoningin. Chanel is 56, haar Duitse minnaar is dertien jaar jonger, maar wat kan het leeftijdsverschil hen deren? Een romance tussen een Duitse officier en een Franse mademoiselle is zo al moeilijk genoeg. Voor hen geen flamboyante soirees bij Maxim's. Drie jaren lang beleven 'Spatz' en Mademoiselle hun liefde op een kamer... van het Ritz Hotel, welteverstaan.

Het einde

Parijs, 10 september 1944. Twee mannen van de résistance komen Chanel arresteren. Zij gaat zwijgend mee, in haar witte mantelpak. Drie uur later staat Mademoiselle opnieuw op straat, waarschijnlijk na een tussenkomst van haar ex-minnaar de hertog van Westminster en zijn goede vriend Winston Churchill. Chanel is door dat incident zeer aangedaan. Zij is 62 en verhuist naar Zwitserland, waar zij zich dodelijk verveelt.

Als zij in Parijs is, mist zij de culturele elite die haar zo fêteerde. De nieuwe intelligentsia heet Sartre, Camus, Malraux en zij hangen liever rond in rokerige cafés dan in chique salons. De nieuwe mode wordt door een man gemaakt: Christian Dior. Toch is zij, dankzij haar 2% op de verkoop van haar parfums, een van de rijkste vrouwen ter wereld. Maar Coco Chanel heeft de deprimerende indruk dat zij behoort tot een wereld die voorgoed verdwenen is. Ook nu de horror van de concentratiekampen aan het licht komt, vergeeft niemand haar haar relatie met een Duitse officier.

19 augustus 1953, Chanel is 71 jaar oud en beslist haar modezaak opnieuw te openen. *La vieille* wil haar confraters tonen dat zij nog niet uitgeteld is. Ze engageert zeventig naaisters en presenteert honderddertig nieuwe modellen. Op de vraag waarom, antwoordt ze aan een journalist: 'Ik verveel mij, en ik speel liever alles of niets.' Op 5 februari 1954 is *le tout Paris* aanwezig op wat het Waterloo zal zijn van de belangrijkste modeontwerpster van de twintigste eeuw. De presentatie is een regelrecht fiasco en de pers heeft het over 'het spook van het verleden'.

Coco Chanel leeft nog zeventien jaar, die ze doorbrengt in een tragische eenzaamheid. 'Ondanks mijn grote liefdes ben ik heel ongelukkig geweest', zucht ze dikwijls.

Ze is alleen. Alleen met haar herinneringen aan Pierre Reverdy, Jean Cocteau, Pablo Picasso, Sergej Diaghilev, Igor Stravinsky, Misia Sert en ook aan Jackie Kennedy, die op die bewuste dag in Dallas een roze mantelpakje droeg van... Coco Chanel.

Bibliografie

CHARLES-ROUX, E., *L'Irrégulière ou mon Itinéraire Chanel*, Grasset, 1974.
GIDEL, H., *Coco Chanel*, Flammarion, 2002.
HAEDRICH, M., *Coco Chanel Secrête*, Robert Laffont/Collection Vécu, 1971.

Frida Kahlo

(1907-1954)

Kindertijd in Coyoacán

Het verhaal van Frida Kahlo begint in Coyoacán, een oude woonwijk in Mexicostad, waar ze op 6 juli 1907 geboren wordt. Haar vader is een succesrijke fotograaf die van de Mexicaanse regering de opdracht gekregen heeft de nationale architecturale erfenis op foto vast te leggen.

Drie jaar na haar geboorte breekt de Mexicaanse revolutie los onder leiding van de legendarische rebellenleiders Pancho Villa en Emiliano Zapata.

Frida leert op jonge leeftijd naaien, borduren en schoonmaken en haar hele leven lang zal ze trots zijn op haar schone, opgeruimde huis. In haar vrije tijd doet Frida niets anders dan klassiekers lezen en kunstboeken bekijken.

Frida Kahlo wordt op zesjarige leeftijd getroffen door kinderverlamming en geneest moeizaam. Op veertienjarige leeftijd gaat ze naar de Nationale Middelbare School en kiest een studiepakket dat haar binnen de vijf jaar moet voorbereiden op een medische opleiding.

Diego Rivera

Van alle Mexicaanse kunstenaars is Diego Rivera de kleurrijkste persoonlijkheid: hij is zesendertig jaar oud, wereldberoemd en zeer dik. Wanneer hij de opdracht krijgt om een muurschildering te maken in het amfitheater van haar school, is Kahlo niet van de werkzaamheden weg te slaan. Rivera wordt op de stellage vergezeld door een reeks van mooie modellen.

Aan een vriendin vertrouwt Frida toe: ‘Het is mijn ambitie om ooit een kind van Diego Rivera te krijgen en op een dag zal ik hem dat vertellen.’

Rivera zelf schrijft in zijn autobiografie: ‘Een meisje dat niet ouder dan tien of twaalf jaar leek, wervelde naar binnen. Van de eigenares vernam ik dat haar naam Frida Kahlo was. Maar ik had er geen idee van dat ze op een dag mijn vrouw zou zijn.'

Het vreselijke ongeluk

Als zij zestien is, is Frida het slachtoffer van een vreselijk ongeluk: een trein ploegt zich midden in het krakkemikkige houten trammetje waarmee ze elke dag naar school rijdt. Een van de ijzeren stangen van de trein breekt af en gaat – ter hoogte van haar bekken – dwars door haar lichaam, van de ene naar de andere kant.

Haar ruggengraat is ter hoogte van de lenden op drie plaatsen gebarsten. Haar sleutelbeen en haar vierde rib zijn gebroken. Haar rechterbeen heeft elf breuken en haar rechtervoet is helemaal verbrijzeld. Haar linkerschouder is uit de kom geschoten, haar bekken is op drie plaatsen gebroken. De stalen leuning heeft haar lichaam ter hoogte van de onderbuik letterlijk scheef getrokken, ze is er aan de linkerkant ingegaan en kwam door de vagina naar buiten. 'Ik verloor mijn maagdelijkheid', schrijft Frida. Pas maanden later mag ze het ziekenhuis verlaten.

De gebroken zuil

Haar hele leven lang zal Frida haar intelligentie en haar charme gebruiken om haar pijn te onderdrukken. Haar leven wordt één lange lijdensweg: ze is constant moe en heeft voortdurend pijn in haar rug en rechterbeen. Ze moet tweeëndertig operaties ondergaan en moet diverse gipskorsetten dragen waardoor ze zich maandenlang niet kan bewegen. Aan de rechtervoet draagt ze een speciale beugel. Een vriend vertelde ooit: 'Frida leefde stervend.'

Toch zijn Frida's eerste schilderijen ambitieus en veelbelovend, want schilderen is voor haar een existentiële levensnoodzaak. 'Frida Kahlo is de enige schilder die zichzelf baarde', zal een bevriende fotograaf zeggen. 'In feite stierf zij in het verschrikkelijke accident, maar door haar schilderkunst zal zij zich een nieuw leven geven.'

Een sterk voorbeeld daarvan is het schilderij *De gebroken zuil*. In haar naakte lichaam zitten spijkers. De witte repen van het korset met de metalen gespen accentueren de broze kwetsbaarheid van haar naakte, volmaakte borsten. Haar heupen zijn gewikkeld in een kleed dat doet denken aan de lijkwade van Christus. Als een Mexicaanse Sint-Sebastiaan gebruikt Frida fysieke pijn, naaktheid en sensualiteit om de boodschap van haar lijden over te brengen.

La Belle et la Bête

In 1927 is Frida twintig en voldoende genezen om een bijna normaal actief leven te leiden.

Diego is eenenveertig jaar oud wanneer Frida hem leert kennen. Hij is de beroemdste schilder van Mexico en hij heeft ongetwijfeld meer muren beschilderd dan welke schilder ook. Soms werkt hij onophoudelijk dagen achter elkaar, gebruikt zijn maaltijden op de stellages en slaapt daar ook als dat nodig is. In feite is Rivera een mix van Michelangelo en Keith Haring.

Diego verwerpt de atelierkunst en alle kunst die uit intellectuele kringen voortkomt. Hij is voorstander van een monumentale kunstvorm omdat dergelijke kunst publiek domein is. Hij heeft ook een passie voor de precolumbiaanse kunst, die hij gretig verzamelt.

Hoewel hij heel lelijk is, trekt hij met een natuurlijk gemak alle vrouwen naar zich toe. Diego's lelijkheid maakt hem tot een perfecte partner voor het type vrouw dat graag 'de schone en het beest' speelt. Hij is een kikkerprins, een uitzonderlijke man vol briljante humor, vitaliteit en charme, maar zijn belangrijkste troef is zijn beroemdheid.

De olifant en de duif

Frida en Diego trouwen op 21 augustus 1929. 'Mijn ouders vonden dat niet prettig omdat Diego een communist was en omdat zij vonden dat hij eruitzag als een vette Bruegel. Ze zeiden dat het leek op een huwelijk tussen een olifant en een duif', zo staat het te lezen in de correspondentie van Frida. De eerste maanden van haar huwelijk schildert ze niet zoveel want getrouwd zijn met Diego Rivera is een volledige dagtaak.

Ze brengt hem zijn lunch in een mand, versierd met bloemen en bedekt met geborduurde servetten, waarop veelbelovende zinnen staan als: 'Ik bemin je.'

'We kunnen geen kind krijgen en ik ben ontroostbaar maar ik leid mezelf af door te koken, het huis af te stoffen, iedere dag met Diego naar de stellage te gaan en soms door te schilderen.'

Haar kreupelheid en haar littekens verbergt ze achter een exuberante koketterie. De linten, bloemen, juwelen en sjerpen worden kleurrijker en exuberanter naarmate haar gezondheid slechter wordt.

Amerika

In 1924 komt in Mexico de conservatieve partij aan de macht met als gevolg dat er een presidentieel decreet uitgevaardigd wordt dat de productie van muurschilderijen verbiedt. De nieuwe minister van Kunsten wil dat zijn eerste officiële daad zal bestaan in 'het laten overkalken van al die vreselijke fresco's'.

In de tweede week van november 1930 vertrekken Frida en Diego naar San Francisco met de opdracht muurschilderingen te maken in de California School of Fine Art. Frida schildert hun zelfportret als pasgehuwden: Diego lijkt enorm naast zijn bruid, hij is 1,80 meter, weegt 150 kilo. Frida is 1,60 meter groot en weegt amper 50 kilo.

In de Verenigde Staten worden ze met open armen ontvangen, want de Amerikanen zijn dol op het koppel excentrieke Mexicanen. Diego krijgt een overzichtstentoonstelling in het Museum of Modern Art in New York. Deze expo is pas de tweede solotentoonstelling, gewijd aan één enkele schilder. De eerste die deze eer in het Moma te beurt viel was de fauvist Henri Matisse.

Schilderen

Frida is zwanger geraakt, maar heeft een miskraam. Ze schildert het onverbiddelijke zelfportret *Henry Ford Hospital*: ze ligt naakt op haar ziekbed. Er loopt een traan langs haar wang en ze houdt zes aderachtige linten tegen haar gezwollen buik. Het zijn de zwevende symbolen van haar falende moederschap.

Een paar maanden later schildert ze *Mijn geboorte*. Een doek met verwijzingen naar een Azteeks beeld uit 1500: een hurkende vrouw baart een volwassen mannenhoofd.

In januari 1933 krijgt Diego Rivera de opdracht om een muurschildering te maken met als thema 'Machinerie en industrie' voor de wereldtentoonstelling van Chicago. Inmiddels wordt er in Detroit een protestcampagne tegen zijn muurschilderingen opgezet. De katholieken vinden de fresco's obsceen en de conservatieven vinden ze communistisch. Wanneer een grote groep fabrieksarbeiders de taak op zich neemt om de muurschilderingen te bewaken is Rivera in de zevende hemel.

In New York krijgt hij opdracht de hall van het RCA-gebouw in het Rockefeller Center te decoreren. Rivera is een ster, het is een hele belevenis hem aan het werk te zien en de nieuwsgierige kijklustigen betalen toegangsgeld voor 'the best show in town'.

Frida verveelt zich ook niet, ze is gek op de chique warenhuizen van Fifth Avenue en op de kleine winkeltjes van Chinatown.

Censuur

Voor zijn fresco in het Rockefeller Center heeft Rivera het gezicht van een arbeider veranderd in een portret van Lenin. Nelson Rockefeller is geschandaliseerd en verzoekt Rivera het portret van Lenin te vervangen door het gezicht van een onbekende man.

Diego biedt een compromis aan om naast het hoofd van Lenin ook het hoofd van Abraham Lincoln te schilderen. Rivera wordt ontslagen en binnen het halfuur heeft het personeel van Rockefeller de muurschildering met teerpapier en een houten scherm afgedekt. Voor Frida is de maat vol, ze wil terug naar huis, naar Mexico.

Home sweet home

Wanneer Frida en Diego Rivera uit de Verenigde Staten terugkeren, betrekken zij hun nieuwe huis. Het zijn twee aparte kubussen die door een brug verbonden zijn: het roze huis is voor Diego en het blauwe voor Frida. De mooie onafhankelijkheid en de wederzijdse afhankelijkheid worden gesymboliseerd door de brug die de woningen met elkaar verbindt. Beide huizen zijn van Diego, maar wanneer Frida boos op hem is, kan zij haar deur sluiten en Diego dwingen door de tuin te lopen om aan haar voordeur te kloppen.

Terug thuis schildert Frida *Een paar kleine steken*, gebaseerd op een krantenbericht over een dronkenlap die zijn geliefde op bed smeet en haar twintig keer stak. Toen hij voor de rechter werd gebracht, protesteerde hij: 'Maar ik gaf haar alleen maar een paar kleine steken.'

Inmiddels is Diego een relatie begonnen met haar jongere zus Christina, want Diego weet niet goed wat hij wil. In zijn autobiografie schrijft hij: 'Ik wilde Frida kwetsen en hoe meer ik van haar hield, hoe meer ik haar wilde kwetsen.'

Zij blijven bij elkaar en hebben volgende deal gesloten: Diego zorgt voor het geld en Frida beheert het. Ze leven bescheiden, maar hun uitgaven zijn enorm. Diego verzamelt precolumbiaanse afgodsbeelden en hij geeft ook veel geld aan linkse politieke organisaties en daarbovenop komen dan nog eens de dure ziektekosten van Frida.

Trotski

In 1936 treedt Diego toe tot de Mexicaanse afdeling van de partij van Leon Trotski. Drie jaar eerder was het voor Trotski onmogelijk geworden om in dezelfde Internationale als Stalin te blijven en hij begon met het oprichten van de Vierde Internationale.

Trotski houdt van seks en voor de negenentwintigjarige Frida is het een koud kunstje om de vijftigjarige politicus te verleiden. Maanden nadat hun verhouding voorbij is, geeft Frida een van haar mooiste zelfportretten aan haar minnaar cadeau.

Twee ego's

Na het Trotski-intermezzo nemen de Rivera's het patroon van gedeelde activiteiten en wederzijdse zelfstandigheid weer op. Frida en Diego werken hard, maar ze spelen ook graag. Frida lacht om de wilde escapades van Diego en gaat door met haar eigen liefdesavonturen.

Frida's biseksualiteit, die voor haar een trauma was tijdens haar jeugd, is weer ontwaakt in het vrije bohemienmilieu van Diego, waar liefdesrelaties tussen vrouwen gewoon zijn. 'Het feit dat zij ook lesbisch was, maakte haar niet mannelijk. Zij was een soort efebe, jongensachtig en nadrukkelijk vrouwelijk tegelijkertijd', schrijft een vriend.

Diego Rivera organiseert de eerste tentoonstelling van Frida Kahlo in de zomer van 1938. De Amerikaanse filmster Edward G. Robinson koopt vier schilderijen en als kunstpaus André Breton haar werk ziet, wil hij Frida Kahlo uitnodigen voor zijn grote tentoonstelling over het surrealisme.

Frida schrijft in haar dagboek: 'Ik wist nooit dat ik tot de surrealistische school behoorde, tot André Breton naar Mexico kwam en mij vertelde dat ik een surrealist was. Ik schilder nooit dromen. Ik schilder mijn eigen realiteit.'

Parijs

In januari 1939 reist Frida Kahlo naar Parijs, waar ze bij het gezin Breton logeert. Ze gaat uit in de hippe tent Le Boeuf sur le Toit, waar Jean Cocteau en de Parijse jetset kind aan huis zijn.

Frida raakt bevriend met de kunstenaars Marcel Duchamp en Max Ernst en ook in de modewereld is ze graag gezien. De couturière Elsa Schiaparelli is weg van haar Mexicaanse kostuum en ontwerpt een 'Robe Madame Rivera'. De mondaine Parisiennes zijn dol op de exotische creatie en de populaire Frida Kahlo verschijnt op de cover van *Vogue*.

Kandinsky is ontroerd door haar schilderijen, Picasso schenkt haar een paar oorringen gemaakt uit goud en schildpadhoorn en Peggy Guggenheim wil haar schilderijen voor haar nieuwe galerie in Londen.

Maar ondanks al het plezier en de erkenning vindt Frida Parijs heel decadent. Het meest van al haat ze de inhoudsloze pose van de bohème: 'Ik wil niets te maken hebben met deze zogezegde "artistieke" klootzakken van Parijs. Ze zitten uren in de cafés, warmen hun kostbare achterste en kletsen voortdurend over cultuur, kunst en revolutie. Niemand van hen werkt. Deze mensen die nergens voor deugen zijn de oorzaak van alle Hitlers en Mussolini's.'

Op 25 maart verlaat zij het 'rottende' Europa.

Een doornenkroon

In 1939 besluiten Frida en Diego uit elkaar te gaan omdat voor hen een scheiding de enige manier is om hun vriendschap te bewaren. De dokter schrijft Frida absolute rust voor en kluistert haar aan een apparaat met een gewicht van twintig kilo om haar wervelkolom uit te rekken. Ze is zo wanhopig en heeft zoveel pijn dat ze iedere dag een fles cognac drinkt.

In alle zelfportretten uit het jaar van de scheiding schildert Frida zich in het gezelschap van skeletten en een Judasfiguur, soms draagt ze de doornenkroon van Christus. In *Zelfportret met kortgeknipt haar* is ze gekleed in een herenkostuum dat zo groot is dat het van Diego moet zijn. Ze zit wijdbeens als een man en draagt herenschoenen en een overhemd. Door al haar attributen van vrouwelijke seksualiteit te vernietigen heeft Frida een wraakzuchtige daad verricht die haar eenzaamheid vergroot.

Een tweede huwelijk

Op 8 december 1940, op de vierenvijftigste verjaardag van Diego Rivera, treden Frida en Diego voor een tweede keer in het huwelijk. Ze hebben te veel gemeen om gescheiden te leven: ze dwepen met het communisme, zijn doordrenkt van de Mexicaanse cultuur, zwaaien graag met pistolen, gaan er prat op mensenvlees te eten en scharrelen graag met andere mannen en vrouwen.

Rivera is dol op Frida's jongensachtigheid en is woest als ze haar Zapata-snorretje afscheert. Op haar beurt beschrijft Frida haar relatie in een brief naar Diego: 'Mijn Diego. Jij krijgt de naam Auxocromo, hij die kleur naar zich toetrekt. Ik ben cromoforo, zij die kleur geeft. Jij vult en ik ontvang.'

Frida neemt deel aan de grote internationale tentoonstelling van het surrealisme in Mexico-Stad en Diego Rivera getuigt: 'Wij zijn allemaal kinkels in vergelijking met Frida. Zij is de beste kunstschilder van haar tijd.'

Ziek

Frida's gezondheid gaat voortdurend achteruit en ze zal haar hele leven doorbrengen in orthopedische korsetten. In totaal achtentwintig; één ervan was van staal, drie waren in leer en de rest waren gipskorsetten. Begin 1950 moet ze naar het ziekenhuis van Mexico-Stad, waar ze een jaar zal blijven. Haar been doet voortdurend pijn en de arts stelt gangreen vast.

Diego betrekt een kamer naast de hare en wiegt haar in zijn armen in slaap als een klein meisje. Met Diego gaat het ook niet goed: hij heeft kanker aan zijn penis die met röntgentherapie behandeld wordt.

Een laatste hommage

In 1953 krijgt Frida een retrospectieve in haar geboorteland. Ze is verwoest door haar ziekte, maar de expo is een echte triomf.

Als de avond van de opening nadert, is de gezondheidstoestand van Frida zo slecht dat de artsen haar verbieden van haar bed op te staan. Ze wil haar vernissage echter niet missen en laat haar bed overkomen zodat ze erbij kan gaan liggen. Een paar uur later komt het gigantische hemelbed aan en begint het personeel van de galerie de schilderijen zo te verhangen dat het bed een onderdeel van de tentoonstelling wordt. Er komt een ambulance met motorescorte aanrijden waaruit Frida Kahlo op een brancard naar haar tentoonstelling wordt binnengedragen. Zij heeft haar Mexicaanse kleed aan, versierd met juwelen en geparfumeerd met Shocking van Schiaparelli. Rond haar bed staan Diego en al haar vrienden.

Finale op zijn Mexicaans

De vernissage is haar laatste opflakkering. Terug in het hospitaal moet haar been geamputeerd worden. Om haar kunstbeen te verbergen laat ze laarzen maken van luxueus rood leer, de randen zijn geborduurd met Chinese gouddraad en versierd met belletjes.

'Met deze laarzen zal ik een vreugdedans maken', belooft ze Diego. Maar van dansen komt er niet veel in huis. Haar hele lichaam is verteerd door de pijn.

In haar dagboek schrijft ze: 'Ik hoop vrolijk te vertrekken en nooit meer terug te komen.' Op 13 juli 1954 sterft Frida aan een longembolie.

Ze ligt op haar hemelbed in een zwarte jurk. Haar vriendinnen vlechten linten en bloemen in haar mooie haren. Ze tooien haar met oorringen, zilveren en koralen halskettingen en aan elke vinger een ring. Haar gezicht wordt omlijst door een wit kussen met gesteven stroken Mexicaans kantwerk.

Diego kan niet geloven dat zij dood is. Om zeker te zijn vraagt hij de dokter een of meer aderen te openen. Ze maken een snee in Frida's huid: er komt geen bloed uit. Dan snijden ze haar halsslagader open: daar komen een of twee druppels uit. Als het voor Diego duidelijk is dat ze dood is, lijkt het of zijn ziel in tweeën wordt gehakt.

Bij de begrafenis leest de dichter Carlos Pellicer zijn sonnet voor Frida voor: 'Jij zult altijd voortleven op deze aarde. Je zult altijd een muiterij vol zonsopgangen zijn.'

Bij het spelen van de Internationale wordt de kist naar de oven gereden. Op het moment dat Frida de oven binnengaat, komt ze door de intense hitte rechtop te staan en staat haar haar, dat vlam had gevat, als een aureool rond haar gezicht, precies een grote zonnebloem.

Bibliografie

HERRERA, H., Frida. *Een biografie van Frida Kahlo*, Contact/Olympus, 2008.

Frida Kahlo, par Frida Kahlo. Lettres 1929-1954, Seuil, 2002.

Ingrid Bergman

(1915-1982)

In de wieg gelegd voor filmster

Ingrid Bergman wordt geboren in Stockholm, op 29 augustus 1915. De Zweedse hoofdstad heeft een rijk cultureel leven. De toneelstukken van August Strindberg worden overal ter wereld gespeeld en de schrijfster Selma Lagerlöf ontvangt als eerste vrouw de Nobelprijs voor Literatuur. Maar het is vooral de Zweedse cinema die zeer populair is met filmsterren als Asta Nielsen en Victor Sjöström. De impact van de film is zo groot dat heel wat mannen een fototoestel of een filmcamera kopen voor hun privéopnamen. Vader Justus Bergman heeft een bloeiende zaak waar je zowel eenvoudige fototoestellen als gesofisticeerde filmcamera's kunt vinden. Haar hele leven lang zal Ingrid Bergman de foto's en de filmpjes die haar vader van haar maakte, bijhouden. Als ze drie jaar oud is, sterft haar moeder, de vele kiekjes en de achtmillimeterfilmpjes blijven de enige herinneringen aan haar. Vier jaar later verliest ze haar vader. Ingrid is wees en zij wordt opgevoed door haar tante Elsa Adler, die ze Mutti noemt.

Als kind houdt Ingrid ervan haar kameraadjes te amuseren met dolle verkleedpartijen. Het liefst van al imiteert ze de dood van Jeanne d'Arc. Haar hele leven lang trouwens zal Ingrid Bergman gefascineerd zijn door de maagd van Orléans.

Ingrid wil actrice worden en schrijft zich in aan het Dramaten, de beroemde theaterschool waar een paar jaar eerder een zekere Greta Gustafsson afstudeerde en nu furore maakt in Hollywood als Greta Garbo. Ingrid heeft talent, als ze in het eerste jaar zit, krijgt ze al een rol in een theaterproductie. Daarna gaat het heel snel: in één jaar tijd heeft ze kleine rolletjes in vijf films. Ze is eenentwintig jaar oud en de pers looft haar talent en haar schoonheid. Ook privé gaat het haar voor de wind: zij verlooft zich met de knappe tandarts Petter Aron Lindstrom.

'Heil Hitler'

Samen met Petter reist Ingrid naar Duitsland om haar verloofde voor te stellen aan haar tante Mutti. Van bij de eerste kennismaking ontstaat bij Petter de grootste argwaan. Mutti is een fervente aanhangster van het naziregime en de Hitlergroet is bij haar de normaalste zaak van de wereld, want haar minnaar is namelijk fabrikant van nazi-uniformen. Mutti maant Petter aan zijn tweede naam te schrappen want 'niemand in onze familie mag een joodse naam als Aron dragen'. Maar dat is nog niet alles! Tijdens het diner vertelt de couturier van de nazi's dat Herr Goebbels een grote bewonderaar is van de mooie Ingrid. Goebbels is chef van de propaganda en heer en meester van de machtige Duitse filmindustrie. Ingrid kent niets van politiek en weet amper wat nazisme betekent, maar om haar tante te behagen en met het oog op een Duitse filmcarrière groet zij ook met gestrekte arm 'Heil Hitler'. De draagwijdte van haar geste kent ze nog niet, ze is enkel geïnteresseerd in een blitse filmcarrière.

'Intermezzo'

Op 28 maart 1936 keren Ingrid en Petter terug naar Zweden. Ze draait *Intermezzo*, een film die een mijlpaal zal zijn in haar carrière. *Intermezzo* vertelt het zeemzoete liefdesverhaal van een beroemde getrouwde concertviolist, die smoorverliefd wordt op de twintig jaar jongere kinderoppas. Hij blijft echter zijn gezin trouw. Het ontgoochelde meisje blijft zuchtend achter: 'Ik ben maar een intermezzo in zijn leven geweest.' De film is één groot romantisch cliché, maar de vertolking van Ingrid Bergman is onweerstaanbaar.

Op 11 juli 1937 trouwt de populairste Zweedse actrice met de respectabele tandarts. Petter is een stijve academicus, die een hekel heeft aan het mondaine leven van de acteurs, maar voor Ingrid is hij een god. 'Mijn minnaar, kom en blijf bij mij. Ik hou van je voor eeuwig', schrijft ze.

Intermezzo komt in New York uit op kerstavond. *Variety*, de bijbel van de showbusiness, schrijft: 'Ingrid Bergman is een mooie en talentvolle actrice, weldra zal haar ster schitteren aan het firmament van Hollywood.'

Berlijn

We schrijven 1937. De grote Zweedse wapenindustrieën doen ongegeneerd gouden zaken met het Derde Rijk en de Zweedse regering verleent vrije doorgang aan de troepen van Hitler om Noorwegen binnen te vallen. Als *Wiedergutmachung* verleent de Zweedse regering onderdak aan de Deense en aan de Noorse vluchtelingen. Toch neemt de ambitieuze Ingrid Bergman het voorstel aan om twee films te maken in de befaamde UFA-studio's in Berlijn. 'Ik heb het aanbod van de Duitsers aangenomen omdat ik Duits spreek en ik had helemaal niet de bedoeling om in Duitsland te blijven, mijn ogen waren op Hollywood gericht. Had ik maar enig politiek inzicht gehad, dan had ik nooit een film gedraaid in het Duitsland van 1938', zal zij later toegeven.

Op 20 september 1938 schenkt zij het leven aan een dochter. Zij wordt als Friedel Pia gedoopt door eerwaarde dominee Bergman. Hij is geen familie van Ingrid, maar wel de vader van een zoon die Ingmar heet.

Hollywood

Inmiddels is er nieuws van Hollywood, en wel van niemand minder dan filmtycoon David O. Selznick, die volop bezig is met de opnamen van *Gone with the Wind*. Hij wil een remake draaien van *Intermezzo* met Ingrid en de mooie Britse acteur Leslie Howard in de hoofdrol. Ze ontvangt hiervoor een gage van 2500 dollar per week, wat zelfs voor Hollywood een hoog bedrag is. Petter ontpopt zich als een keiharde onderhandelaar en verfijnt het contract tot in de kleinste details. Voortaan zal hij Ingrid als een gewiekste impresario helpen in haar carrière.

Op 20 april 1939 komt de Queen Mary aan in New York. Opperproducer David O. Selznick is diep onder de indruk van de natuurlijke schoonheid en de ongekunstelde gratie van Ingrid Bergman. Pure schoonheid, dat is iets wat men in het artificiële filmwereldje niet kent. Hij lanceert zelf het gerucht dat Ingrid Bergman de film *Intermezzo. A Love Story* draait zonder enige make-up. De *New York Times* noemt haar 'The Lady from Sweden, de verloofde van de Viking'.

'Farewell to the Arms' en 'Casablanca'

Tussen de opnamen leest Ingrid *Farewell to the Arms*, de nieuwe roman van Ernest Hemingway. Wanneer ze hoort dat er een project bestaat om dat prachtige boek te verfilmen met Gary Cooper in de hoofdrol, heeft ze haar zinnen gezet op de vrouwelijke hoofdrol, Maria. Ingrid ontmoet Hemingway en 'Papa' is onder de indruk van haar schoonheid, maar waarschuwt haar wel dat ze haar mooie blonde haren zal moeten knippen, want Maria ziet eruit als een jongen. Ingrid heeft er alles voor over om de rol te krijgen, wat haar ook zal lukken: 'Als het moet laat ik zelfs mijn hoofd afsnijden.'

De film wordt lauw onthaald, maar haar volgende film is een schot in de roos. Samen met *Gone with the Wind* en *Citizen Kane* is *Casablanca* een van de mooiste bladzijden uit de filmliteratuur. *Casablanca* vertelt het mooie verhaal van Rick Blaine (Humphrey Bogart) en Ilsa Lund (Ingrid Bergman), die ooit minnaars waren in Parijs. Nu is Ilsa getrouwd met de verzetsstrijder Victor Laszlo. Door een speling van het lot ontmoeten de drie *lovers* elkaar in Casablanca, meer bepaald in de Rick's, de nachtclub van Rick Blaine. Na een ontroerend weerzien geeft de cynische Rick zijn liefde voor Ilsa op om zo haar man Victor te kunnen redden. Maar het is overduidelijk dat Rick en Ilsa nog altijd heel veel van elkaar houden en zij denken vol weemoed aan de onvergetelijke dagen die zij samen in Parijs doorbrachten: 'We'll always have Paris', het credo van alle verliefden.

Als je die romantische filmklassieker nu (terug)ziet, kun je je helemaal niet inbeelden dat de opnamen zo stroef verliepen. Regisseur Michael Curtiz wist niet goed waarnaartoe met het scenario en de hele tijd improviseerde hij: tot drie keer per dag kregen de acteurs op het laatste moment nieuwe dialogen toegestopt. Niemand kon zich toen inbeelden dat de film een mijlpaal in de filmgeschiedenis zou worden. *Casablanca* is nog altijd de liefdesfilm par excellence want 'You must remember this, a kiss is still a kiss...'

Alfred Hitchcock

De uitgeweken Engelsman Alfred Hitchcock is de nieuwe wonderboy van de Amerikaanse cinema en zijn eerste Amerikaanse film *Rebecca* levert in 1940 producer David O. Selznick de Oscar op voor de beste film. Hitchcock volgt al een hele tijd de carrière van Ingrid Bergman en hij is ervan overtuigd dat hij nog meer uit haar acteertalent kan halen. Hitchcock werkt op het scenario van *Spellbound*, een bizar verhaal dat zich afspeelt in een instelling waar niet alleen de patiënten maar ook de hoofdpsychiater gek zijn. Sigmund Freud is nog maar vijf jaar dood en het script staat bol van modieuze psychoanalytische referenties. De clou van de film is echter een droomsequens ontworpen door Salvador Dalí. Die cocktail van surrealisme en psychoanalyse maakt van *Spellbound* een raadselachtige thriller die af en toe eens ontspoort, maar die de hele tijd blijft boeien. Voor de hoofdrollen kiest Alfred Hitchcock Gregory Peck en Ingrid Bergman. Zoals het meer dan eens gebeurt, wordt Hitch weer eens hopeloos verliefd op zijn hoofdactrice. Maar de eenenveertigjarige, dikke, drankzuchtige Hitchcock maakte geen schijn van kans bij de elegante schone. Gedurende de hele opnametijd gedraagt de grote Hitch zich als een bedremmelde aanbidder. Ondanks het onwaarschijnlijke verhaal en tegen ieders verwachting in is de film een succes. Hitchcock en Bergman blijven vrienden voor het leven en zullen samen nog drie andere films draaien.

Ingrid Bergman is de gefêteerde actrice die ze altijd al wou zijn, maar privé gaat het minder goed. Ingrid voelt dat haar huwelijk met de saaie Petter gestrand is en zij wil er een einde aan maken. 'Maar waarom? We maken toch nooit ruzie' is het antwoord van de beredeneerde Petter, die als een koele zakenman zowel haar carrière als het huishouden en de opvoeding van hun dochtertje Pia bestuurt.

Robert Capa

In 1945 reist Ingrid Bergman naar Europa om er de Amerikaanse troepen te entertainen. 'A la guerre comme à la guerre' en Ingrid logeert in Parijs in het chique Ritz Hotel, de thuishaven van de betere oorlogscorrespondenten: John Steinbeck, Ernest Hemingway en de legendarische fotograaf Robert Capa, bekend voor zijn unieke foto's van de Spaanse Burgeroorlog en de ontscheping in Normandië. Enkele dagen na haar aankomst is Bergman de ster van het Parijse mondaine leven. Ze overklast zelfs de superieure Marlene Dietrich, die *en plein public* bits opmerkt: 'Is het nu pas dat je aankomt, de oorlog is bijna gedaan!' In de flamboyante Capa vindt Ingrid een welgekomen verzetje na de saaie Petter. Robert Capa treurt nog altijd om zijn vriendin Gerda, die is omgekomen in het oorlogsgeweld, en een nieuwe liefde is nog altijd het beste tegengif voor een *chagrin d'amour*. Robert en Ingrid beleven een idylle zoals je die alleen maar in Parijs kunt meemaken. 'Capa is wonderbaar, hij is helemaal gek', schrijft Ingrid.

'Notorious'

Op 15 oktober 1945 vindt Ingrid Bergman haar vriend Alfred Hitchcock terug voor de opnamen van *Notorious* met Cary Grant als partner. *Notorious* is het spionageverhaal van een vrouw die uit vaderlandsliefde trouwt met een man van wie ze helemaal niet houdt, maar zo kan ze een geheim wapen aan de vijand ontfutselen. Hitchcock is vol bewondering voor het acteertalent van Bergman en hij gaat zelfs in op haar suggestie om Robert Capa als setfotograaf te engageren. Maar zodra zijn opdracht erop zit, gaat Capa zich in Hollywood enorm vervelen en hij keert spoedig terug naar New York. Als de filmopnamen gedaan zijn, reist Ingrid hem achterna en ze beleeft in Manhattan een heerlijk romantische tijd met haar onweerstaanbare avonturier. Ze bezoeken de jazzclubs van Greenwich Village en slenteren langs de boetieks van Fifth Avenue. Capa vertelt haar dat er een andere filmscene bestaat dan die van Hollywood en maakt Ingrid warm voor de Europese cinema met de film *Roma, città aperta*, het neorealistische meesterwerk van Roberto Rossellini. De film, een hulde aan de Italiaanse weerstand, is gedraaid als een pseudodocumentaire, met heel weinig middelen en op locatie. Wanneer Ingrid de film ziet, is zij wildenthousiast: 'Alleen al door de film te zien ben ik verliefd geworden op Roberto Rossellini.'

Jeanne d'Arc

Sinds haar kindertijd heeft Ingrid een diepe bewondering voor Jeanne d'Arc. Op 18 november 1946 zal haar droom eindelijk in vervulling gaan: in het Alvin Theatre speelt zij de hoofdrol in *Joan of Lorraine*, een toneelstuk van de Amerikaanse dramaturg Maxwell Anderson. Voor haar acteursprestatie zal Ingrid Bergman de eerste Tony Award krijgen voor de beste vrouwelijke theateractrice. Wanneer filmregisseur Victor Fleming de voorstelling bijwoont, zegt hij tot de verrukte Ingrid: 'Je vertolking is formidabel, ik wil je als Jeanne d'Arc vereeuwigen op het witte doek.'

Producer David Selznick, die eerder met Victor Fleming *Gone with the Wind* draaide, maakt van het intimistische drama de zware spektakelfilm *Joan of Arc,* die één miljoen dollar meer zal kosten dan *Gone with the Wind*. In de productie van Hollywoodtycoon Selznick is het godsdienstige thema snel een soort middeleeuwse western geworden met Jeanne d'Arc als katholieke Calamity Jane. *Joan of Arc* is een dure cinematografische flop, maar toch schuift het publiek in dichte drommen aan, want iedereen wil Ingrid Bergman op de brandstapel zien sterven.

Roberto Rossellini

Roberto Rossellini is geboren op 8 mei 1906 in Rome als zoon van een architect die zich gespecialiseerd heeft in het bouwen van cinemazalen. Roberto groeit op in een intellectueel en cultureel milieu en krijgt van zijn vader alle mogelijke filmapparatuur die een jonge toekomstige filmregisseur zich maar kan wensen. De jonge Roberto frequenteert jonge boefjes en heeft een voorliefde voor glimmende sportwagens. Hij trouwt met de onstuimige actrice Anna Magnani, wat hem er niet van weerhoudt er een collectie maîtresses op na te houden. Begin 1945 begint hij in het geheim met de opnamen van *Roma, città aperta*, een mijlpaal in de filmgeschiedenis.

Howard Hughes, de nieuwe baas van filmmaatschappij RKO, ziet een samenwerking tussen de revolutionaire Roberto Rossellini en de schone Ingrid Bergman wel zitten. In Italië wordt de populairste filmster ter wereld met open armen ontvangen. De eerste film van Bergman en Rossellini heet *Stromboli* en wordt helemaal gedraaid op het gelijknamige barre vulkaaneiland. Niet alleen in de film, maar ook in de realiteit leven de protagonisten op een vulkaan. Het gerucht van een relatie tussen Ingrid en Roberto verspreidt zich als een lopend vuurtje en de gretige paparazzi trekken in groten getale naar de dorre plek waar de opnamen plaatsvinden. Zelfs de droge Petter heeft ineens onraad geroken en komt aan in Rome. 'Er is niet de minste onenigheid tussen ons', verklaart Petter aan de pers, goed wetende dat zijn huwelijk al jaren op een dood spoor zit. Ingrid, die zwanger is, wil scheiden van Petter en met Roberto trouwen. Als Roberto en Ingrid zich in Rome in het publiek vertonen, worden zij door de menigte toegejuicht. De Romeinen zijn dol op het verliefde koppel en in de herfst zet Ingrid de echtscheidingsprocedure in.

Maar in Amerika...

Het preutse Amerika reageert verbolgen en zoals haar grote idool Jeanne d'Arc wordt Ingrid Bergman op haar beurt voor de vierschaar gesleept en op de brandstapel gezet. De verantwoordelijke van de Hays Code, die waakt over het morele welzijn van de filmindustrie, waarschuwt haar: 'De pers schrijft dat u wilt scheiden en uw kind wilt achterlaten om met Roberto Rossellini te trouwen. Dat gedrag strookt niet met dat van de first lady van het witte doek. Niet alleen zijn dergelijke geruchten niet opportuun voor het welslagen van uw nieuwe film, maar zij kunnen ook uw hele filmcarrière vernietigen.' De senator van Georgia verbiedt de vertoning van films van Rossellini en Bergman, want 'het koppel is het voorbeeld van de vrije liefde'. Ook de katholieke Kerk laat zich natuurlijk niet onbetuigd en verbiedt haar gelovigen naar de film *Joan of Arc* te gaan. Nochtans een film over een heilige! Een dominee in Los Angeles verklaart van op de kansel: 'Ingrid Bergman laat een spoor van wansmakelijk immoreel gedrag achter.' Maar haar vrienden Cary Grant en Alfred Hitchcock blijven haar steunen.

Wanneer de film uitkomt, is de opkomst groot, want het publiek is aangetrokken door de geur van solfer die om de film hangt. De nieuwsgierigen haken echter af, want de Amerikaanse bioscoopbezoekers moeten niets weten van deze nieuwe, pure cinema. Bij de filmfreaks is de film een hit.

Op 24 mei 1950 trouwt Ingrid Bergman met Roberto Rossellini in Mexico. Datzelfde jaar is *Stromboli* genomineerd voor het Filmfestival van Venetië, en de jonggehuwden worden er op een staande ovatie onthaald.

Jeanne d'Arc .bis

De zomer van 1952. Terwijl Ingrid de handen vol heeft met haar tweeling, is Roberto bezig met de repetities van *Othello* van Verdi in de opera van Napels. Op de première maken zij kennis met componist Arthur Honegger en schrijver Paul Claudel, de auteurs van *Jeanne au Bûcher*, een oratorium over de laatste uren van Jeanne d'Arc op de brandstapel. Het recitatief van Jeanne is niet gezongen en de twee ouderlingen stellen aan Ingrid voor om de rol van Jeanne d'Arc te vertolken in een regie van Roberto Rossellini. Het koppel, dat er een flamboyante levensstijl op nahoudt, zit weer eens in geldnood en neemt het voorstel maar al te gretig aan. De première in Napels is een groot succes en de productie gaat op tournee in Palermo, Milaan, Barcelona, Londen en Stockholm. Ingrid kan haar rol vertolken in vijf verschillende talen.

Een prestatie die de rasacteur Laurence Olivier als volgt beoordeelt: 'Ingrid Bergman spreekt vijf talen en acteert in geen enkele.'

The Ed Sullivan Show

Wanneer Ingrid in mei 1954 verneemt dat haar ex-minnaar Robert Capa is omgekomen in de oorlog van Indochina is ze ontroostbaar. Ze krijgt de ene filmaanbieding na de andere, maar de bezitterige Rossellini wil er niet van weten dat zijn vrouw met een andere regisseur zou draaien. Als zijn grote idool, de Franse regisseur Jean Renoir, een nieuw voorstel heeft, moet Rossellini wel toegeven. *Elena et les hommes* is een komedie over een Poolse courtisane die de mannen charmeert en manipuleert.

Daarna draait Ingrid Bergman *Anastasia* van Anatole Litvak met Yul Brynner als partner. De melodramatische film is een groot succes en maakt kans op een Oscar. Ed Sullivan, de presentator van de populaire talkshow, is van plan Ingrid Bergman uit te nodigen in zijn televisieprogramma. Hij is zich echter bewust van de antipathie die het Amerikaanse publiek tegenover Bergman heeft en wil zeker zijn hoge kijkcijfers niet in het gedrang brengen. Daarom organiseert de gladde presentator een referendum en hij nodigt zijn publiek uit hun stem uit te brengen om te bevestigen of Ingrid Bergman al dan niet welkom is in The Ed Sullivan Show. Het resultaat komt Bergman niet ten goede: 5826 stemmen zijn pro, maar 6433 zijn contra. Sorry Ingrid.

Exit Roberto, intro Lars

Haar huwelijk met de jaloerse Roberto Rossellini loopt spaak en Roberto en Ingrid besluiten uit elkaar te gaan. Maar in 1957 is in Italië de echtscheiding onbestaand en bovendien hebben hun drie kinderen de Italiaanse nationaliteit. Als Ingrid er toch zou in slagen in een ander land dan Italië te scheiden, zal zij haar leven lang van bigamie beschuldigd worden.

Ingrid heeft haar oog laten vallen op Lars Schmidt, een succesrijke theaterproducent met kaskrakers als *Het Dagboek van Anne Frank*, *Twelve Angry Men* en *My Fair Lady* op zijn palmares. Ze trouwen op 21 december 1958. Als huwelijkscadeau krijgt Ingrid een oud landhuis in Choisel, niet ver van Parijs.

In 1960 gaat zij in op het voorstel van Anatole Litvak voor de verfilming van *Aimez- vous Brahms*, naar de bestseller van Françoise Sagan. In die driehoeksverhouding moet Ingrid Bergman kiezen tussen Yves Montand en Anthony Perkins. De vijfenveertigjarige Ingrid Bergman is mooier dan ooit, maar de film is een flop.

Een jaar later verliest ze haar goede vrienden Ernest Hemingway en Gary Cooper en haar carrière zit in een impasse: 'Ik ben te oud voor de rol van het jonge meisje en nog niet oud genoeg voor die van de oude tante.'

Gelukkig zal haar echtgenoot Lars Schmidt haar de hoofdrol geven in het prachtige toneelstuk *Hedda Gabler* van de Noor Henrik Ibsen.

In mei 1973 wordt Ingrid Bergman uitgenodigd als voorzitster van het Festival van Cannes, waar *Kreten en gefluister*, de nieuwe film van Ingmar Bergman, vertoond wordt. Zij herinnert de geniale regisseur aan zijn belofte van tien jaar geleden dat zij ooit samen een film zouden maken. Bergman zet zich aan het schrijven, maar voor het zover is, speelt Ingrid nog mee in *Murder on the Orient Express* van Sidney Lumet. Voor de verfilming van Agatha Christie's politieroman werd er een plejade van filmsterren opgetrommeld: Albert Finney, Lauren Bacall, Sean Connery, Vanesssa Redgrave en Anthony Perkins.

Met Ingrids gezondheid gaat het niet goed. De knagende pijn in haar linkerborst is de tol die ze moet betalen voor het jarenlange roken. In juni 1974 laat ze zich eindelijk onderzoeken in de London Clinic. De kanker is zo ver gevorderd dat de chirurg meteen overgaat tot de ablatie van de linkerborst.

Maar de filmgoden zijn haar gunstig: Ingrid Bergman krijgt de Oscar voor de beste vrouwelijke bijrol voor haar prestatie in *Murder on the Orient Express*.

'Herfstsonate'

In de lente van 1977 legt de grote Ingmar Bergman haar het scenario van *Herfstsonate* voor. Ingrid speelt de moeder van de zevenendertigjarige Liv Ullman. *Herfstsonate* is het verhaal van Charlotte (Ingrid), een concertpianiste die haar hele leven lang onderweg was en nooit heeft omgekeken naar haar dochter. Wanneer Ingrid het scenario leest en herleest, beseft ze dat Charlotte helemaal haar portret is en dat Ingmar haar aan een wrede typecasting heeft onderworpen. Ondanks de diagnose van een tweede levensgevaarlijk kankergezwel wil ze absoluut de film met Bergman draaien. Op de set heerst een intense sfeer van tederheid en verdriet. *Herfstsonate* zal de laatste speelfilm van Ingrid Bergman zijn.

Ondanks haar ziekte zit ze niet stil. Op 7 maart 1979 presideert zij de gala-avond van het American Film Institute ter ere van Alfred Hitchcock en zij speelt ook nog in de televisiefilm *A Woman Called Golda*, een biopic over Golda Meir.

Op 29 augustus 1982 viert ze haar zevenenzestigste verjaardag. Om zes uur 's avonds drinkt ze een glas champagne met een paar vrienden. Een paar uur later gaat ze rusten en slaapt ze in, voor altijd. Op haar nachttafel ligt *Le Petit Prince* open op deze paragraaf: 'Ik wil dat lichaam niet meenemen. Het is te zwaar. Ik wil het achterlaten als een oude schors...'

Bibliografie

Bergman, I. en Burgess, A., *My Story*, Delacorte Press, 1980.

Spoto, D., *Notorious: The Life of Ingrid Bergman*, Da Capo Press, 2001.

Josephine Baker

(1906-1975)

Saint Louis

Josephine Baker wordt geboren op 3 juni 1906 in Saint Louis, Missouri. Haar moeder werkt in een wasserij en haar vader is de beste paradedrummer, maar veel geld brengt dat niet in het laatje. Saint Louis is een vrolijke, hete stad met een sterke muzikale traditie. De ambiance van het swingende Saint Louis, de bakermat van de jazz, is vereeuwigd door het duo Bessie Smith en Louis Armstrong in 'Saint Louis Blues', een klassieker van het jazzrepertoire.

In de hele stad weerklinkt ragtime, de aanstekelijke muziek die de zwarte componist Scott Joplin op een gammele piano creëerde. In al de bars van de stad speelt men zijn compositie 'The Entertainer', een nummer dat in 1973 dankzij de film *The Sting* opnieuw furore zal maken. In de dancings danst men de cakewalk, een grappige dans waarbij de beste danser een stukje cake cadeau krijgt. Vader Baker verlaat de fanfare en kan werk vinden als drummer in een van de vele *barrel houses* van Storyville, de warme buurt van Saint Louis. Een *barrel house* is een clandestiene kroeg met een bar bestaande uit twee tonnen (*barrel*) met daarop een houten plank, enkele flessen zelfgestookte drank en een peeskamertje op de eerste verdieping.

De eerste stappen

Om in het onderhoud van haar familie te voorzien gaat de zevenjarige Josephine in dienst bij een blanke familie. Tijdens haar schaarse vrije tijd hangt ze rond in de straten van Saint Louis, waar ze de *street bands* en de dansers bewondert. Josephine is onder de indruk van hun kunstjes en in de kelder van de familie Baker voert ze haar eigen kleine show op: een oude deken dient als gordijn en in lege blikken heeft ze brandende kaarsen geplaatst die de illusie van een echt voetlicht moeten weergeven.

Ze danst, trekt gekke bekken en rolt met haar ogen.

Naast de *street bands* heeft het bruisende Saint Louis nog andere attracties zoals de 'Medicine Shows'. Daarin komt een leurder met medicijnen zijn wondermiddel aanprijzen. Om het publiek te lokken organiseert hij iedere keer een kleine show met een paar muzikanten en een danswedstrijd. Josephine is gefascineerd door de amateuristische vertoning, ze springt op het podium, toont haar eigen geïmproviseerde danskunstjes en wint de eerste prijs, neergeteld één dollar.

'Shuffle Along'

Na dit eerste succes kan Josephine haar moeder overtuigen dat ze gemakkelijker geld verdient met dansen dan met poetsen. Ze begint op te treden in kleine bars waar haar jeugdige lichaam en haar excentrieke bewegingen zeer geapprecieerd worden door de klanten en ook door de muzikanten die verbaasd opkijken naar de nieuwe danseres die zo gemakkelijk inspeelt op hun improvisaties. Wanneer Josephine Baker vijftien jaar oud is, vindt ze werk als professionele *chorus girl* in de revue *Shuffle Along* en ze reist met het gezelschap naar New York. De revue is de sensatie van Broadway en wordt aangekondigd als 'a freak show for a freak town'. De dans van Josephine is een sensuele mix van clowneske gebaren en van erotische standjes. Zij verdient 125 dollar per week, een hoog bedrag dat de exuberante Josephine snel opsoupeert.

La Revue Nègre

Caroline Dudley, een ambitieuze Franse impresario, wil in Parijs een *Revue Nègre* opzetten, een spetterende show zoals je die enkel in Harlem kunt zien. Ze is op zoek naar zwarte artiesten en ze engageert twaalf danseressen, de zangeres Ethel Waters, de toen nog onbekende klarinettist Sidney Bechet en Josephine Baker. In september 1925 komt het bonte gezelschap aan in de haven van Le Havre. Josephine is meteen in de ban van Parijs en is verwonderd dat in de lichtstad de verliefde koppels elkaar in het openbaar mogen zoenen, iets wat in Amerika met de cel bestraft wordt. Parijs ontdekt de Afrikaanse kunst: in het Musée des Arts Décoratifs loopt het storm voor een tentoonstelling over Afrikaanse beelden en Pablo Picasso vindt in negermaskers de inspiratie voor zijn kubistische schilderijen.

Op 2 oktober 1925 gaat de *Revue Nègre* in première in het mooie Théâtre des Champs-Elysées, dezelfde zaal waar twaalf jaar eerder de ophefmakende wereldcreatie plaatsvond van Stravinsky's *Le Sacre du Printemps*, dat andere *succès de scandale*.

Le tout Paris is op het appel en op de eerste rij zitten Kees Van Dongen, Blaise Cendrars en de alomtegenwoordige Jean Cocteau. Het publiek is wildenthousiast over de praktisch naakte, ebbenhouten schoonheid van Josephine Baker. De kritiek echter is verdeeld: de rechtse krant *Le Figaro* schrijft over 'een pijnlijk exhibitionisme dat ons in één avond terugvoert naar het tijdperk van de apen'. Een andere criticus huldigt Josephine als 'de mooiste negersculptuur, de zwarte Venus waar Charles Baudelaire zo van droomde'. Een van Josephines onvoorwaardelijke aanbidders is een tweeëntwintigjarige ambitieuze journalist uit Luik, Georges Simenon.

Josephine is in de zevende hemel: zij koopt kleren, schoenen, een hagedis en een slang die ze als sjaal draagt wanneer zij 's avonds uitgaat in Le Boeuf sur le Toit, de *place to be* van het Parijse nachtleven. De *Revue Nègre* gaat op tournee in Europa en gasteert gedurende zes weken in het Brusselse Cirque Royal, waar ze drie optredens per dag geven. Een van de shows wordt bijgewoond door koning Albert I en de hele koninklijke familie. In München echter wordt de *Revue Nègre* wegens zedenschennis verboden.

De Folies Bergères

In maart 1926 keert Josephine terug naar Parijs om op te treden in de tempel van glitter en glamour: de Folies Bergères. De shows tonen *les plus belles filles de Paris avec presque rien*. Josephine houdt die traditie in ere door op te treden met een gordel bananen als enige kledingstuk. Haar succes is zo groot dat Mistinguett, de ongekroonde koningin van het Parijse variété, zich bedreigd voelt door de 'kleine negerin die het met bananen doet'. Maar de kritiek kan Josephine niet deren: op het Salon des Beaux-Arts hangen haar portretten geschilderd door Picasso en Van Dongen en de Amerikaanse beeldhouwer Alexander Calder maakte van haar sierlijke figuur een mobiele replica. Voor Josephine kunnen de pret en het geld niet meer op. Zij koopt een groot huis bij het Bois de Boulogne dat zij met apen, papegaaien, parkieten, een boa, een geit en twee varkens bevolkt. Josephine Baker neemt Georges Simenon in dienst als secretaris en als occasionele minnaar.

De naam Baker is hot en Josephine wordt gevraagd om reclame te maken voor schoenen, radio's, auto's en haargel. Ze ontmoet de geruïneerde Italiaanse graaf Giuseppe Abatino – die ze 'Pepito' noemt – wordt verliefd op hem en trouwt ermee, maar echt gelukkig is ze niet. Op een avond vertelt ze aan Pepito dat ze haar rijkdom zou willen delen met de armen. Als ze geen reactie krijgt van haar echtgenoot, ontfermt Josephine zich over de zwerfkatten van Parijs.

On the road

Begin 1928 gaat Josephine Baker met haar nieuwe show op wereldtournee, maar ondanks haar faam is ze niet overal welkom. In Wenen betogen jonge nazi's tegen de zwarte performers omdat ze niet willen dat er jazz gespeeld wordt in de stad van Strauss en Mozart. De nazi's worden gevolgd door de katholieken en in de Sint-Pauluskerk gaan de klokken luiden vanaf het moment dat de trein van de 'immorele demon' het station binnenrijdt. De gelovigen worden gewaarschuwd dat zij binnen moeten blijven om niet besmet te raken door de 'perfide zwarte'! Zelfs tot in het Oostenrijkse parlement wordt er gelobbyd om de 'pornografische voorstelling' te verbieden. Uiteindelijk gaat de show door en hij wordt bijgewoond door onder anderen de beroemde psychiater Sandor Ferenczi, de 'kroonprins' van Sigmund Freud. Als de professor Josephine op een feestje uitnodigt, gaat de showgirl op de schoot van de psychoanalyticus zitten. Ze wrijft over zijn kale knikker en fluistert in zijn oor: 'Kijk, zo zal het snel terug groeien.' De volgende halte is Boedapest en ook daar is het heibel. In de Hongaarse hoofdstad heerst er bittere armoede en jonge activisten gooien tijdens de voorstelling ammoniakbommen als protest tegen de 'overdadige en provocerende luxe'. Maar in het jazzminnende Praag wordt Josephine Baker opgewacht door enthousiaste fans en in Berlijn wordt ze gefeliciteerd door Kurt Weill, die songs voor haar wil schrijven.

Al die incidenten verhogen haar populariteit en Josephine Baker wordt uitgenodigd om op te treden in Buenos Aires, Uruguay, Chili en Brazilië.

Terug in Parijs

In december 1929 reist Josephine Baker van Rio terug naar Parijs. Zij is nog maar aan boord van het lijnschip Lutetia, of ze ontmoet een elegante Fransman die haar zegt dat hij smoorverliefd op haar is. Hij stelt zich voor als Charles-Edouard Jeanneret, beter bekend als Le Corbusier. Gedurende de hele overtocht zijn ze samen, maar als de boot in Le Havre aankomt, gaan ze elk hun eigen weg. Een paar weken later leest Josephine in de krant het bericht van het huwelijk van haar verliefde reisgezel.

In Parijs is de hele spektakelwereld in paniek. De theaterzalen blijven leeg, want het publiek is in de ban van een nieuwe amusementsvorm: de sprekende film. Josephine maakt van die luwte gebruik om danslessen te volgen bij de Amerikaanse choreograaf George Balanchine. In 1933 staat Parijs andermaal op zijn kop voor de eerste komst van Duke Ellington en zijn Big Band en Josephine krijgt het voorstel om de hoofdrol te spelen in *La Créole*, een operette van Jacques Offenbach. Als ze de muziek hoort, neemt ze het voorstel niet aan, omdat zij vindt dat het niet jazzy klinkt.

New York-Parijs: aller-retour

In 1935 regelt Pepito een optreden voor Josephine als gastster in de wereldberoemde *Ziegfeld Follies* van New York. Haar coach is de koning van de musical, de regisseur Vincente Minnelli. Op de affiche staan eveneens Fanny Brice en Bob Hope. Josephine kan niet opboksen tegen die twee razend populaire komieken en ze krijgt niet het succes dat ze gehoopt had. Diep teleurgesteld keert ze terug naar Parijs. Haar Pepito is op de terugreis ernstig ziek geworden en overlijdt enkele weken later aan de gevolgen van een zware hepatitis.

Josephine Baker is niet iemand om lang weduwe te blijven en ze wordt verliefd op Jean Lion, een schatrijke handelaar in suiker. Zij trouwen en met haar huwelijk krijgt Josephine het cadeau waar zij al jarenlang van droomt: de Franse nationaliteit. Josephine wil een groot gezin, maar jammer genoeg heeft zij de ene miskraam na de andere. Zij verwerkt de tegenslagen met de creatie van een super-de-luxe show in het Casino de Paris in de zomer van 1939. De revue heet *Brazil* en Josephine heeft de populaire Maurice Chevalier als partner.

Naast haar drukke showleven heeft Josephine grootse bouwplannen: tijdens haar vakantie in de Dordognevallei ontdekt ze een vervallen kasteel uit de vijftiende eeuw. Het heet Les Milandes en lijkt regelrecht uit een sprookje van de middeleeuwen te komen: het telt vijftig kamers, lange donkere gangen, hoge torens en is omgeven door hectaren golvende akkers. Maar er is geen centrale verwarming, geen gas en geen elektriciteit. Toch beslist Josephine, tegen beter weten in, het kasteel te huren en de nodige werken te laten uitvoeren.

De Tweede Wereldoorlog

Wanneer de Tweede Wereldoorlog uitbreekt, gaat Josephine Baker in dienst bij het Deuxième Bureau, de geheime Franse weerstandsorganisatie. Ze heeft de volgende optelsom gemaakt: als zwarte is ze getrouwd met een joodse zakenman, Joseph Goebbels noemt haar optredens wansmakelijk en zijzelf is een grote fan van 'le Général de Gaulle'. Dat zijn voor de genaturaliseerde Française meer dan redenen genoeg om bij de résistance te gaan. De spionagediensten maken dankbaar gebruik van haar reputatie als showzangeres om een heel netwerk op te zetten. Eerst moet ze naar Lissabon, in het neutraal gebleven Portugal, en vandaar gaat de reis – zogezegd voor een optreden – naar Rio de Janeiro. In de koffers met de kostuums zitten landkaarten verstopt en op de muziekpartituren zijn er met onzichtbare inkt militaire codes aangebracht. Aan de grens verloopt alles op wieltjes, want in plaats van haar bagage te doorzoeken, vragen de douaniers aan de diva om foto's en handtekeningen. Na dat eerste succes volgen er nog missies naar Algerije en Afrika. In 1942 is Josephine in Casablanca, waar zij haar opdracht moet staken. Ze is zwaar ziek en wordt met een acute bloedvergiftiging in het hospitaal opgenomen. Wanneer haar vroegere partner Maurice Chevalier speciaal van Parijs naar Casablanca komt om haar te bezoeken, weigert ze hem te ontvangen. Chevalier is immers blijven zingen tijdens de Duitse bezetting en Josephine noemt hem een collaborateur. Na negentien maanden hospitaal gaat zij opnieuw optreden om het moreel van de soldaten te ondersteunen en om geld in te zamelen voor de Franse troepen. Tijdens een optreden in Algiers zit haar grote idool, generaal de Gaulle, in het publiek. Na de show decoreert hij haar met het ereteken La Croix de Lorraine.

En wat met de liefde?

In oktober 1944 is Josephine terug in Parijs voor het grote bevrijdingsfeest. Waar vele Franse artiesten zich moeten verantwoorden voor hun collaboratie, wordt Josephine Baker als een echte heldin gevierd. Ze treedt op met een orkest van veertig man onder leiding van Jo Bouillon. Ze gaan samen op tournee. Na een optreden in het casino van Oostende zegt Jo dat hij van haar houdt en Josephine bezwijkt voor de charmes van de swingende dirigent. Na een minnelijke scheiding van Jean Lion trouwen ze op 3 juni 1947, de dag van Josephines eenenveertigste verjaardag. Ze raakt zwanger, maar heeft opnieuw een miskraam. Zodra ze hersteld is, gaat de tournee verder en overal krijgt Josephine de nodige honneurs: in Brussel wordt ze op het Koninklijk Paleis ontvangen door koningin

Elizabeth en in Rome krijgt ze de zegen van paus Pius XII. Ondanks haar gezondheidsproblemen wil Josephine meer en meer optreden, want ze heeft geld nodig, veel geld. Koppig als ze is, heeft Josephine Baker inmiddels haar sprookjeskasteel Les Milandes tegen beter weten in toch gekocht en ze is van plan het helemaal te vernieuwen.

Baker Day

Tijdens een tournee in Cuba wordt Josephine Baker uitgenodigd om op te treden in de selecte Copa Club van Miami. Wanneer ze echter verneemt dat de toegang voor zwarten verboden is, wil Josephine het contract enkel en alleen tekenen onder de volgende voorwaarde: 'Het spreekt vanzelf dat alle klanten toegelaten worden, ongeacht hun huidskleur, ras of godsdienst.' Die clausule zal ze voortaan in alle contracten voor haar optredens in de Verenigde Staten laten opnemen. Ondanks de aankondiging dat ze binnen mogen, heeft geen enkele zwarte een ticket gekocht. Enkele uren voor de aanvang van de show rijdt Josephine naar de 'negro'-buurt om de zwarten te overtuigen naar haar show te komen.

In Las Vegas eist Josephine dat ze mag logeren in het hotel waar ze optreedt, een precedent, want zelfs Sammy Davis Junior mag niet blijven slapen in het hotel waar hij zingt. Josephine eist dat in de zaal één tafel op zes voorbehouden is aan de zwarte clientèle en evenmin deinst ze terug voor de bedreigingen van de Ku-Klux-Klan: 'Hitler heeft mij niet klein gekregen, de Ku-Klux-Klan zal dat ook niet.' De rol van Josephine Baker in de strijd tegen de rassendiscriminatie heeft zo'n impact dat op 20 mei 1951 de bewoners van Harlem een Baker Day inrichten om haar hun dankbaarheid te betonen.

Terug naar Les Milandes

Wanneer Josephine Baker in 1951 in haar kasteel verblijft, beslist ze dat Les Milandes niet zomaar een buitenverblijf is, maar moet uitgroeien tot een 'home', een 'Hotel Regenboog', waar alle rassen van de wereld welkom zijn. Als Josephine Baker in haar shows niet terugschrikt voor enige grootheidswaanzin, is ze dat bij het inrichten van haar landgoed evenmin. Les Milandes moet haar koninkrijk worden, met een eigen vlag en eigen postzegels. Voor de toeristen wordt er een hotel gebouwd met een 'Jorama', een zaaltje waarin de carrière van de grote Josephine Baker met wassen poppen wordt uitgebeeld. Haar domein wil ze bevolken met vijf weeskinderen van vijf verschillende nationaliteiten en naast de kinderen zijn er de talloze huisdieren. Om Les Milandes draaiende te houden zijn er zeventig personeelsleden nodig en om dat allemaal te financieren, blijft Josephine alsmaar optreden.

'Les Adieux'

Op 21 maart 1956 doet Josephine Baker een eerste van een reeks afscheidsoptredens in de Parijse Olympia. Vervolgens gaat ze vaarwel zeggen aan de rest van de wereld en onderweg pikt ze nog een paar kinderen mee om haar 'Regenboogkolonie' te bevolken. In Algiers ontfermt ze zich over twee kindjes die overgebleven zijn uit een bomaanslag, maar als ze in Caracas een Indiaanse jongen wil adopteren, wordt ze gearresteerd voor kidnapping Wanneer op kerstnacht 1959 een Parijse clochard in een vuilnisbak een baby vindt, kan ze natuurlijk niet nee zeggen... tot ze in 1962 haar twaalfde kind adopteert. 'Het laatste', belooft ze aan Jo. Een jaar later is Les Milandes het decor van een blijde gebeurtenis: Josephine Baker ontvangt er de Légion d'Honneur uit de handen van generaal de Gaulle.

Na een paar jaar worden de kosten en de schulden van Les Milandes alsmaar groter en Brigitte Bardot doet een oproep op televisie om Josephine Baker te helpen. B.B. noemt haar 'de moeder van de wereld' en van overal komen er giften. Er worden zeer hoge bedragen gestort door keizerin Farah Diba van Iran en door koning Hassan II van Marokko. Voor de 'moeder van de wereld' is het allemaal een beetje te veel geworden, ze is doodmoe en op 25 juli 1964 wordt ze geveld door een hartaanval. De ene operatie volgt de andere op en wanneer ze aan de beterhand is, grapt ze: 'De dokters hebben alles uit mij genomen, behalve mijn hart en mijn lever.'

Ondertussen is het in Les Milandes een echte catastrofe geworden: water, gas en elektriciteit zijn afgesloten en Josephine Baker wordt ervan beschuldigd dat haar twaalf kinderen in mensonwaardige omstandigheden moeten leven. Uiteindelijk vindt de hele familie onderdak in een groot appartement in Parijs. Tegenover haar kinderen gedraagt Josephine zich als een dictator: de jongens mogen geen lang haar hebben, want ze wil niet dat ze er als 'mietjes' bijlopen. Een vijftienjarig meisje is haar kadaverdiscipline beu en loopt weg van huis. Het groeiende ongenoegen van andere 'Regenboogkinderen' is een vette kluif voor de boulevardpers.

Josephine Baker blijft onverstoorbaar optreden om haar schulden te betalen, maar ook omdat ze geen afscheid kan nemen van de bühne. Ze is een mythe geworden, een vergane glorie, een ruïne die nog altijd kijklustige voyeurs lokt.

In juni 1973, twee jaar voor haar dood, viert ze haar jubileum in de Carnegie Hall van New York. Ze zingt haar oude successen, 'The Times they are a changing' van Bob Dylan en als bisnummer brengt zij een pathetische versie van 'My Way'. In plaats van op dit orgelpunt te eindigen, blijft ze optreden. Josephine Baker wordt een curiosum, een soort freakshow 'die je toch nog eens gezien moet hebben'. Het Franse weekblad *L'Express* schrijft: 'Ce n'est plus un come back, c'est l'éternel retour.'

Na een laatste optreden stuikt Josephine Baker ineen. Ze wordt in allerijl naar het ziekenhuis gebracht, komt niet meer bij en sterft op 12 april 1975.

Bibliografie

PESSIS, J., *Joséphine Baker*, Gallimard/Folio, 2007.

WOOD, E., *The Josephine Baker Story*, Sanctuary House, 2000.

Leni Riefenstahl

(1902-2003)

Metropolis

Leni Riefenstahl wordt geboren op 22 augustus 1902 in Wedding, een grauwe arbeidersbuurt in de buitenwijken van Berlijn.

Bij het begin van de twintigste eeuw noemen de misnoegde urbanisten Berlijn een 'nergensstad', een stad die altijd in wording is. Maar de progressisten juichen de vooruitgang toe en ze raken in de ban van het stedelijke levensritme van die nerveuze stad. Voor hen is Berlijn 'het Athene aan de Spree'.

Berlijn wordt ten tijde van Leni's geboorte 'de snelste stad ter wereld' genoemd. Ook de criminaliteit en de prostitutie tieren hier welig en zijn er even kleurrijk als in Londen, Parijs en New York. Het elegante Unter der Linden en de nog markantere Kurfürstendamm, het antwoord van kanselier Bismarck op de Parijse Champs-Elysées, zijn omzoomd met mooie winkels en bruisende caféterrassen. Geen enkele Europese stad kent een dergelijke cultus voor de nieuwe stromingen.

In de wijk van Berlijn-Wedding, waar de familie Riefenstahl woont, heeft men echter weinig tijd voor kunst en moderniteit. Het is hier een dichte doolhof van fabrieken, werkplaatsen en blokken met etagewoningen, die men 'huurkazernes' noemt. In die triestige gebouwen zitten de arme arbeidersgezinnen opeengepakt en de jaarlijkse kindersterfte bedraagt er meer dan twintig procent.

De lenige Leni

Leni is een middelmatige leerling, maar ze blinkt uit op sportief gebied: turnen, schaatsen en schoonspringen. Ze valt op door haar onbuigzame energie, haar sterke uithoudingsvermogen, haar ontembare fysieke moed en haar hoge pijngrens. Deze eigenschappen zullen een beslissende rol spelen in het leven en de carrière van deze fascinerende vrouw.

Zoals elk kind, is Leni dol op sprookjes. Op de eerste plaats zijn er natuurlijk de verhalen van de gebroeders Grimm en op haar vijftiende abonneert Leni zich op het tijdschrift *Er was eens...* Haar belangstelling voor sprookjes en legenden is meer dan een hobby en die zal tijdens haar hele jeugd verder openbloeien. Als Leni Riefenstahl op rijpere leeftijd films zal maken, blijven de sagen en de mythen een belangrijke inspiratiebron.

Leni's nieuwe passie is de dans. Nergens is het enthousiasme voor de dans groter dan in Berlijn. De legendarische Amerikaanse choreografe Isidora Duncan, die blootsvoets danst in golvende Griekse gewaden, heeft in Berlijn in 1912 een dansschool opgericht. Leni kan haar moeder overhalen voor haar de felbegeerde danslessen te betalen. Ook hier is haar geen pijn of moeite te veel. Wanneer vader Alfred verneemt dat zijn dochter danst, is hij met stomheid geslagen, al die frivoliteiten staan hem helemaal niet aan. Als rechtgeaarde Duitser wil hij zijn dochter van het wereldse gedoe afzonderen en haar toekomst als Duitse huisvrouw en toekomstige moeder veiligstellen door haar naar een huishoudschool te sturen. Daar zal haar de toewijding aan de degelijke Duitse waarden *Kinder, Kirche und Küche* worden bijgebracht. Tussen vader en dochter komt het tot een compromis en Leni mag zich inschrijven aan de Berlijnse Rijksschool voor Kunst en Kunstnijverheid.

Berlijn leeft op een vulkaan. De moorden op de socialistische militanten Karl Liebknecht en Rosa Luxemburg in januari 1919 luiden de terreurcampagnes van rechtse extremisten in. Maar de 'heerlijke decadentie' viert hoogtij en wordt door de tekenaars George Grosz en Otto Dix op een bijtende manier in beeld gebracht. Volgens de criticasters is Berlijn niet langer meer het 'Athene aan de Spree' maar het 'nieuwe Babylon, het riool van de natie'.

Debuut

'Wat zou ik graag een man zijn, dan is het zoveel gemakkelijker om al mijn plannen uit te voeren', schrijft de ambitieuze Leni naar een vriendin. Op haar eenentwintigste is de mooie Leni gezond, brutaal, energiek en ambitieuzer dan ooit. Zij leert paardrijden en tennissen en aanbidt toptennisser annex playboy Otto Froitzheim. Tot de vele veroveringen van de tenniskampioen – weliswaar buiten de tennisbaan – behoort de wereldberoemde filmactrice Pola Negri. Leni ziet in Otto Froitzheim, die amper vier jaar jonger is dan haar vader, de ideale man om haar te ontmaagden. Na een kopje thee met rum en enkele passionele tango's in het fraaie appartement van Otto, gebeurt er wat er gebeuren moet. Na een pijnlijke coïtus raapt Otto zijn broek op en graait in een van zijn zakken. 'Als je zwanger wordt, kun je dit gebruiken om ervan af te komen', zegt de kampioen van het dubbelspel en hij gooit de verbouwereerde Leni nonchalant een bankbiljet van twintig dollar toe.

Leni Riefenstahl wil een dansrecital in Berlijn geven dat haar in één klap beroemd moet maken en ook haar vader moet doen inzien hoe kortzichtig hij wel geweest is. Op 23 oktober 1923 debuteert ze met een voorstelling op muziek van Chopin, Schubert en Brahms. Ze heeft alle dansen zelf gechoreografeerd en haar creaties dragen hartstochtelijke titels als *Drie Dansen van Eros*, *Vuur* en *Bevrijding*. Leni heeft ook de kostuums ontworpen: korte, nauwsluitende tunieken die haar sierlijke lichaam accentueren. De kritieken zijn opmerkelijk positief voor een onbekende, knappe danseres met als enige kwalificatie dat ze opgemerkt wil worden. Leni doet een tournee van zeventig voorstellingen, maar wanneer ze in Praag haar linkerknie kwetst, is het eens en voor altijd gedaan met haar danscarrière.

Schoonheid en Kracht

Maar ze laat de moed niet zakken. Bij de Ufa, de nieuwe, machtige Berlijnse filmmaatschappij, krijgt ze een klein rolletje in *Wege zu Kraft und Schönheit*. Die film is een avondvullende documentaire waarin de lichamelijke vitaliteit en de gymnastische oefeningen worden aanbevolen als de weg voor 'de wedergeboorte van het menselijk ras'. Als de film in 1925 uitkomt, is het een echte sensatie, want hij toont mannelijke en vrouwelijke atleten die naakt aan het turnen zijn. *Wege zu Kraft und Schönheit* propageert op aanlokkelijke wijze de sportbeoefening in dienst van het vaderland. Schoonheid en kracht zijn niet alleen gezond, ze zijn ook vaderlandslievend!

De alpenfilms

In juni 1924 gaat Leni Riefenstahl naar *Der Berg des Schicksals* (*De berg van het noodlot*), een indrukwekkend voorbeeld van de zogenoemde alpenfilm. In dat specifiek Duitse filmgenre zijn spectaculaire bergopnamen te zien van skiërs en bergbeklimmers. Die sportlui voelen zich zeer verbonden met de natuur, en gaan er ook een gevecht mee aan. Naast het documentaire aspect zijn er ook dramatische verhaallijnen en de mix van natuur en emotie kent heel veel succes bij het grote publiek. Die films zijn op locatie opgenomen en ze zijn de tegenpolen van de grote studioproducties als *Metropolis* en *Das Cabinet des Dr. Caligari*. De alpenfilms worden in de volle natuur opgenomen, in de zon en in de sneeuw. De gezondheid straalt ervan af, ze spreken de nationalistische gevoelens van het Duitse publiek aan en gaan de concurrentie aan met de westerns uit Hollywood.

De alpenverhalen zijn naïef en melodramatisch, maar het publiek herkent er de idealen in van de Duitse romantiek. De meeste films zijn opgenomen in het 'heilige Tirol', een diep katholieke streek. Daar heerst de machtige Österreichischer Skiverband, een bond waarbij zesennegentig skiverenigingen met tienduizend leden zijn aangesloten en die al in 1923 bij stemming heeft besloten alleen ariërs toe te laten en joden uit te sluiten.

De regisseur van *Der Berg des Schicksals* is Arnold Franck, de ongekroonde meester van de alpenfilm. Hij is een begaafde vernieuwer en experimenteert met lenzen, sluitertijden en opnametechnieken.

'Der Heilige Berg'

Leni laat aan Arnold Franck haar persboek met de foto's en de kritieken van haar dansvoorstellingen zien en deelt de filmregisseur onomwonden mee dat ze zijn nieuwe ster wil worden. Franck is smoorverliefd op de mooie en krachtige Leni en hij geeft haar de hoofdrol in zijn volgende melodrama *Der Heilige Berg*.

De film verschijnt op 10 januari 1927. Volgens sommige critici is de film een meesterwerk: 'Ga zo voort, Duitse film, naar de heilige berg uwer wedergeboorte en die van het Duitse volk.' Maar een Berlijnse recensent herkent meteen het sluipende bruine gevaar en schrijft dat er in de film 'meer onverdraaglijke snoeverij, meer opgeblazen volksverlakkerij en meer bedrog zitten dan in een hele serie Hitlerbijeenkomsten'.

Der Heilige Berg trekt volle zalen en Leni Riefenstahl wordt opgemerkt bij fans en producers. De alpenfilms blijven bij het trouwe publiek in de smaak vallen, maar lijden onder de economische crisis die ook in de filmindustrie zwaar toeslaat. En er is ook het fenomeen van de geluidsfilm en een nieuwe garde revolutionaire regisseurs zoals Ernst Lubitsch en vooral Josef von Sternberg. Von Sternberg arriveert eind 1929 in Berlijn en is op zoek naar een actrice voor zijn film *Der Blaue Engel*. Leni von Riefenstahl is ervan overtuigd dat ze geschikt is voor de rol van zangeres annex femme fatale, maar von Sternberg is geobsedeerd door een zekere Marlene Dietrich...

'Het Blauwe Licht'

Leni Riefenstahl vindt dat ze genoeg filmervaring heeft om zelf achter de camera te staan. Met de hulp van de Hongaars-Joodse criticus en filmtheoreticus Béla Balázs, slaagt Leni erin een scenario te schrijven. *Het Blauwe Licht* speelt zich af in de Dolomieten. Het is het verhaal van Junta, een mooi, ongetemd meisje, dat het geheim van het blauwe licht kent en de verboden berg kan bestijgen. Wanneer ze de bergtop bijna bereikt heeft, maakt ze een dodelijke val. Leni vindt geen geldschieters en beslist met een kleine ploeg aan de slag te gaan. Leni Riefenstahl regisseert, speelt de hoofdrol en wordt bij de realisatie ontzettend geholpen door Arnold Franck en Béla Balázs. Wanneer *Het Blauwe Licht* op 24 maart 1932 in Berlijn in première gaat, krijgt de film slechte kritieken, vooral in joodse 'democratische' kranten. Wanneer de film in de rest van Duitsland wordt gedistribueerd, zijn de recensies beter naarmate de kranten rechtser zijn. Leni is in alle staten: 'Wat snappen die joodse critici nu van onze mentaliteit? Ze hebben het recht niet om ons werk te bekritiseren.' Leni is blijkbaar helemaal vergeten dat ze de film niet in haar eentje heeft gemaakt, dat er ook joden bij betrokken waren, zoals Béla Balázs, die alle scènes regisseerde waarin zij meespeelde.

Het Blauwe Licht wordt ingezonden naar de eerste Biënnale van Venetië, in het

Italië van Mussolini, en wint een zilveren medaille.

Tijdens een korte vakantie in Zwitserland leest Leni in één adem *Mein Kampf* uit. Voor haar is Adolf Hitler de man die het helemaal gaat maken en haar besluit staat vast: 'Ik moet die man ontmoeten. Ik ga voor hem werken.'

Door de bliksem getroffen

Samen met vijfentwintigduizend anderen woont Leni Riefenstahl in de winter van 1932 een toespraak van Hitler bij in het reusachtige Sportpalast in Berlijn. 'Het was alsof ik door de bliksem getroffen was. Ik had bijna een apocalyptisch visioen, zoiets heb ik nooit kunnen vergeten.' Hoewel Leni beweert dat ze Hitlers racistische ideeën onvoorwaardelijk verwerpt, wordt ze niet geremd in haar verlangen om de Führer persoonlijk te ontmoeten.

Leni Riefenstahl vraagt een onderhoud met Hitler aan en ze wordt vrij snel ontvangen. Hitler is immers een grote fan van haar. Ooit verklaarde hij aan een van zijn medewerkers: 'Het mooiste wat ik ooit in een film heb gezien was Riefenstahls dans aan zee in *De Heilige Berg*'. In het midden van het gesprek zegt Adolf Hitler ineens tegen Leni Riefenstahl: 'Als we de macht eenmaal in handen hebben, moet u mijn films maken.'

'Een film over mijn beweging'

Aanvankelijk stelt Hitler haar voor dat ze een film zou maken over Horst Wessel, de nationaalsocialistische pooier die in een dronkenmansruzie was vermoord en tot politiek martelaar was verheven. 'Of misschien', ging de Führer verder, 'een film over mijn beweging.' Leni Riefenstahl krijgt de opdracht een film te maken over Hitlers eerste Rijkspartijdag van 1933 in Neurenberg.

Leni heeft het geluk in contact te komen met Albert Speer, de huisarchitect van Hitler en hoofdontwerper voor de Rijkspartijdag. De film heet *Sieg des Glaubens* en is op cinematografisch vlak verre van geslaagd. De prent toont gedurende één uur niets anders dan beelden van marsen, vlaggen en toespraken. In feite is het de generale repetitie van wat het epos *Triumph des Willens* zal worden.

'Triumph des Willens'

Hoewel er van *Sieg des Glaubens* alleen maar een ruwe versie bestaat, erkent Hitler dat Leni Riefenstahl zijn propaganda een speciale kwaliteit meegeeft. Halverwege oktober 1933 besluit hij dat ze op de Rijkspartijdag van 1934 haar werk nog eens moet overdoen. Ze krijgt een sterk uitgebreide groep medewerkers en onbegrensde middelen. Er worden honderdduizenden figuranten geleverd, evenals kostuums, rekwisieten en technische apparatuur. *Triumph des Willens* moet niet alleen een film over een partijcongres worden, maar moet ook de apotheose van Hitler als absolute leider vereeuwigen.

Het partijcongres duurt zes dagen, en Leni Riefenstahl zal een jaar lang aan de film werken. Van elke minuut, van elke seconde maakt ze een plan. Haar productiestaf bestaat uit meer dan honderdzeventig man: zestien 'vaste' cameramannen en evenveel assistenten, negen cameramannen voor luchtopnamen, negenentwintig cameramannen van de journaalafdelingen. Zeventien belichters, zesentwintig chauffeurs. Er staan camera's op de daken, in de greppels, op uitschuifbare ladders. Er zijn cameramannen in vliegtuigen en op rails. Leni Riefenstahl zet haar crew op rolschaatsen om snelle bewegende shots te maken. Vuurwerk, magnesiumlichten, toortsen en rookpotten zorgen bij de nachtelijke optochten voor de nodige dramatische effecten. Leni filmt ook de optocht vanuit een kleine lift die op en neer gaat langs een van de enorme vlaggenmasten.

De echte film wordt echter gemaakt op de montagetafel: de honderddertigduizend meter ruw filmmateriaal wordt ingekort tot één veertigste, namelijk een speelduur van ongeveer twee uur.

Wanneer *Triumph des Willens* in Berlijn vertoond wordt, komen er in de eerste drie weken meer dan honderdduizend kijkers op af. De film wint een gouden medaille op het filmfestival van Venetië in 1935 en behaalt dankzij een rechtse jury de Grand Prix op het filmfestival van Parijs van 1937. De film maakt nu nog altijd indruk en wordt nog altijd geëxploiteerd, maar niet in Duitsland, want daar mag *Triumph des Willens* niet in het openbaar vertoond worden.

De Olympische gedachte

Had *Triumph des Willens* Hitlers positie in Duitsland verzekerd, dan zou een film over de Olympische Spelen van 1936 zijn positie in de wereld kunnen vestigen. En ook deze keer werden er voor *Olympia* kosten noch moeite gespaard: vijfenveertig cameramannen, camera's in zeppelins, lichte vliegtuigen en luchtballonnen. Er worden automatische camera's in rubberkussens aan de zadels van de paarden bevestigd of ze hangen in kleine mandjes om de hals van de marathonlopers. Voor de eindmontage heeft Leni een team van twintig man.

Er wordt speciaal nieuwe muziek gecomponeerd door Herbert Windt, die uitgevoerd wordt door het Berliner Philharmoniker en een koor van driehonderdveertig zangers.

Op de première wordt Leni toegejuicht, bewierookt en geprezen. Na de voorstelling, die vier uur duurt, biedt de Führer haar een reusachtig boeket witte seringen en rode rozen aan. Leni Riefenstahl is de meest gevierde en de meest euforische vrouw van Duitsland. De unaniem positieve recensies verschijnen de volgende dag, op persoonlijk bevel van chef-propaganda Joseph Goebbels, op de voorpagina van alle kranten.

Al de premières van *Olympia* worden groots opgezet. Leni is het stralende middelpunt van gala-avonden in München, Wenen, Zürich, Parijs en Brussel. Ze wordt gefêteerd door de koningen van Zweden, Denemarken en België. De knappe Leopold III, koning en alpinist, flirt met de onweerstaanbare Leni en maakt zelfs een afspraakje met haar om in de bergen te gaan klimmen. Op het Filmfestival van Venetië behalen Leni en *Olympia* de eerste prijs, de Coppa Mussolini, net voor *Sneeuwwitje en de zeven dwergen* van Walt Disney.

De Engelse filmdistributeurs echter staan sinds de annexatie van Oostenrijk door Duitsland weinig enthousiast tegenover de film en wijzen hem unaniem af. Wanneer Leni Riefenstahl haar film in de Verenigde Staten wil promoten, breekt de hel los. De krantencommentaren zijn unaniem: 'Er is in Hollywood geen plaats voor Leni Riefenstahl. Er is geen plaats voor de agenten van het nazisme.'

Ten oorlog

Als de Tweede Wereldoorlog uitbreekt, kan Leni Riefenstahl haar eigen fotografische eenheid oprichten: de *Sonderfilmtrupp Riefenstahl.* Nooit zal Riefenstahl tegen de oorlogswreedheden protesteren en ze schrijft in haar memoires: 'Ik heb in Polen nooit een lijk gezien, noch van een militair, noch van een burger.'

De oorlog kan Leni's filmplannen echter niet tegenhouden. Zij droomt van een verfilming van *Penthesileia*, naar het toneelstuk van de romantische schrijver Heinrich von Kleist. Penthesileia is de dappere koningin der Amazonen die in de Trojaanse oorlog aan de zijde van de Trojanen strijdt. In een wreed gevecht brengt Achilleus haar om het leven. Hij bespot haar lijk en neemt haar helm van haar hoofd. Wanneer Achilleus de schoonheid van Penthesileia ziet, wordt hij door het verdriet overmand en hij barst in tranen uit. Leni wil filmen in het door Mussolini gecontroleerde Libië. Dankzij de vrijgevigheid van de Führer heeft ze enkele prominente acteurs kunnen aantrekken en voor de rol van Achilleus heeft Leni Riefenstahl haar oog laten vallen op de knappe Leopold III, koning der Belgen. The sky is the limit, maar de ondergang van het Derde Rijk zal haar ambitieuze filmdromen lelijk in de war sturen.

Nazislet

Wanneer Duitsland de oorlog verliest, stort de wereld van Leni Riefenstahl helemaal ineen. Aan haar beschermers heeft ze nu niets meer: de Führer is niet meer en ook Goebbels heeft zelfmoord gepleegd. De nazisymbolen die ze op de film vereeuwigde, zijn verdwenen en zijzelf wordt uitgescholden voor 'nazislet'.

De denazificatie is op gang gekomen en Leni Riefenstahl wordt gedwongen naar foto's van Dachau te kijken. Tijdens het verhoor over haar verhouding met de partij beweert ze dat ze al een erkend kunstenares was, 'lang voordat de wereld ooit van de namen Hitler of Goebbels had gehoord'.

Aan de officieren die Leni Riefenstahl verhoren, beweert ze 'nooit over het beleid van de Führer te hebben nagedacht. Van de kampen wist ik niets en als ik hoor welke vreselijke dingen er in Duitsland gebeurd zijn, dan kan ik wel huilen.' Leni Riefenstahl houdt voet bij stuk dat zij een kunstenaar *über alles* is en met die versie zal ze zich tot aan haar einde rechtvaardigen.

En het werkt! Op 3 juni 1945 wordt Leni Riefenstahl door het Zevende Leger onschuldig verklaard. Ze wordt echter wel geklasseerd als *Mitläuferin*, meeloopster, de op een na laagste categorie in de vijf gradaties van medeplichtigheid.

Overleefster

We schrijven 1950, Leni Riefenstahl heeft nog de helft van haar leven voor de boeg en gelooft rotsvast dat ze haar slechte reputatie uit het verleden achter zich kan laten. Ze laat geen gelegenheid voorbijgaan om haar naoorlogse beproevingen op te blazen. 'Iedereen die zoals ik in de gevangenis heeft gezeten en die heeft geleden onder geruchten, processen en uiterst pijnlijke verhoren – om maar te zwijgen van het feit dat ik aardappels moest schillen voor de bezettingslegers – weet hoe je vernederd kunt worden.'

In 1956 vliegt Riefenstahl via Khartoem naar Nairobi. Bij haar aankomst is ze dronken van een euforie die haar doet denken aan de eerste keer dat ze de Alpen zag. 'Als ik in Afrika ben, word ik een ander mens. Mijn levenskracht komt terug. Ik ben bevrijd van het hier en het nu en ik kan doen wat ik wil.'

Op cinematografisch gebied kan Riefenstahl op een echte comeback rekenen. Niet dat ze zelf weer achter de camera kan staan, maar sommige van haar films worden opnieuw vertoond. De films die haar beroemd maakten, zijn in haar eigen land nog altijd verboden, maar in de rest van de wereld kennen ze een echte revival. In de jaren 1950 draait *Triumph des Willens* acht maanden lang in een bioscoop van San Francisco. Wanneer in 1959 in Venetië een Riefenstahlretrospectief wordt gehouden, verdringen zich op het Lido evenveel bewonderaars als tijdens de hoogdagen van Mussolini. In 1955 wordt *Olympia* vertoond in het Museum of Modern Art van New York. Datzelfde jaar bekronen de Amerikaanse filmregisseurs *Olympia* tot een filmklassieker en plaatsen hem, samen met *Pantserkruiser Potemkin* en *Citizen Kane,* in de top tien van de beste films aller tijden.

De Nuba's

Tussen 1962 en 1977 maakt Leni Riefenstahl zes reizen naar verschillende Nubastammen. De duur van die bezoeken varieert van enkele dagen tot een jaar. Het Leicafototoestel en de Arriflexcamera in de aanslag gaat Leni Riefenstahl, die over de zestig is, op camerasafari in een land dat sinds 1964 door burgeroorlogen geteisterd wordt.

Voor de bejaarde Leni Riefenstahl is Afrika een paradijs, 'nergens ter wereld ben ik zo snel weer zo jong en gezond geworden', schrijft ze. Ze fantaseert hoe ze haar laatste dagen zal slijten in een eenvoudige lemen hut, omringd door stamleden die 'in mijn dromen tot mij komen, niet als menselijke wezens, maar als vreemde, niet-tastbare schepselen die door kunstenaars vervaardigd zijn'.

'Leni Riefenstahl fotografeert de Nuba: foto's die nooit iemand heeft gezien' is de titel van het lovende artikel in het Duitse weekblad *Der Stern*. De reacties zijn wild-enthousiast voor de prachtige foto's van de naakte, bijna gebeeldhouwde mannen in klassieke en sensuele poses. De Amerikaanse schrijfster Susan Sonntag, dé autoriteit op het gebied van de fotografie, verklaart: 'stellig het schitterendste fotoboek dat de afgelopen jaren verschenen is'. Maar de intelligente Sonntag is niet blind en zij herkent in de foto's van Riefenstahl een continueren van het nazistische schoonheidsideaal.

Het einde

Kort voor haar tachtigste verjaardag komt Leni Riefenstahl tijdens een skivakantie in Sankt Moritz lelijk ten val. Na vele operaties loopt ze mank, maar ze draagt nog altijd pruiken en naaldhakken en wordt gesignaleerd in het gezelschap van Mick Jagger en Andy Warhol.

In 1987, precies op haar vijfentachtigste verjaardag, publiceert Leni Riefenstahl haar langverwachte memoires. De Duitse pers is genadeloos: 'de seksloze bruid van de Führer', de Engelstalige recensenten zijn iets milder, maar blijven zeer op hun hoede: 'Je kunt niet weten of ze zichzelf destijds heeft voorgelogen en of ze dat nog steeds doet.'

Op haar honderdste verjaardag is er de wereldpremière van haar onderwaterfilm *Impressionen unter Wasser*. Dat zou Leni's laatste publieke optreden, haar laatste feest zijn. Achttien dagen later, op 18 september 2003, overlijdt Leni Riefenstahl. Ze is honderdeneen jaar oud.

Bibliografie

Bach, S., *Leni*, De Bezige Bij, 2007.

Maria Callas

(1923-1977)

'Mijn moeder heeft nooit van mij gehouden'

De goddelijke operazangeres Maria Callas wordt geboren in New York op 2 december 1923. Haar ouders zijn Griekse inwijkelingen.

De eerste woorden die Maria van haar moeder hoort, zijn 'Haal haar weg'. Haar moeder is immers teleurgesteld en boos omdat Maria geen jongen is. Die had haar namelijk kunnen troosten bij het verdriet om het zoontje dat ze een paar jaar eerder verloren heeft.

'Mijn moeder heeft nooit van mij gehouden', zal Maria later zeggen.

Als Maria zeven is, begint ze met haar muzikale opleiding. Ze wint zangprijzen en op de zondagsschool krijgt ze hoofdrollen in de toneelstukken die door de leerlingen opgevoerd worden. Dit is het begin van het veeleisende circus van kindershows en talentenjachten.

In tegenstelling tot haar oudere zus voelt Maria zich lelijk: 'Alleen wanneer ik zing, voel ik me geliefd.' Ze geniet des te meer van de complimenten van haar klasgenoten.

'Ik voel me helemaal Grieks'

Maria gaat naar de bibliotheek en leest de klassiekers, maar het meest van al is ze gefascineerd door de kast met de opera-opnamen. Voor tien cent per stuk kan ze iedere week twee grammofoonplaten lenen.

Als Maria dertien is, is het voor haar zangleraar overduidelijk dat ze een prachtige stem heeft. Haar moeder is ervan overtuigd dat Maria voor een goede zangopleiding naar Griekenland moet en ze gaat met haar dochter naar Athene. Maria is verrukt over het Griekse landschap en zegt telkens weer: 'Mijn bloed is puur Grieks… Ik voel me helemaal Grieks.' Ze volgt privélessen en krijgt een beurs om te studeren aan het conservatorium van Athene.

Als ze zestien is, maakt ze al haar debuut in de opera van Athene in de operette *Boccacio* van de Oostenrijkse toondichter Franz von Suppé.

In het voorjaar van 1941 valt Griekenland in Duitse handen, maar er is geen sprake van terug te keren naar New York.

'Je hebt veel meer les nodig'

Als Maria Callas zeventien is, krijgt ze haar eerste professionele optreden als 'Tosca' van Puccini. Het is een rol die haar haar leven lang zal obsederen: het verhaal van een vrouw die afwisselend verteerd wordt door jaloezie, haat en smart. De kritiek is laaiend enthousiast en tegen het einde van de reeks voorstellingen komen de mensen vijftien kilometer te voet om haar te horen zingen.

Wanneer Maria eenentwintig is, keert ze terug naar Amerika. In New York wordt het haar al snel duidelijk dat de roem van een Atheense opera niet overal zaligmakend is.

Haar grote teleurstelling is haar ontmoeting met de tenor Giovanni Martinelli, een van de sterren van de befaamde Metropolitan Opera. Nadat hij zeer aandachtig naar haar geluisterd heeft, is zijn oordeel: 'Je hebt een goede stem, maar je hebt nog heel veel lessen nodig.'

Giovanni Battista Meneghini

Maria Callas krijgt een contract om op te treden in de arena van Verona. Tijdens een diner na een voorstelling ontmoet ze de rijke industrieel en operaliefhebber Giovanni Battista Meneghini, bijgenaamd de 'plaatselijke Romeo'. 'Ik wist al na vijf minuten dat hij de man voor me was', zal Maria Callas later vertellen.

Het idool van de toenmalige Italiaanse opera is de sopraan Renata Tebaldi. Zij is ook de favoriete van de sterdirigent Arturo Toscanini.

Tussen de twee diva's, Tebaldi en Callas, ontstaat er al heel snel een rivaliteit die hun hele leven lang zal duren. Die concurrentie wordt voor een groot gedeelte aangewakkerd door de boulevardpers en gretig meebeleefd door het grote publiek. Italiaanse operaliefhebbers kunnen zich soms gedragen als de supporters van een voetbalteam.

De verschillen tussen de twee zangeressen worden door het grote publiek gereduceerd tot 'mooi en lelijk', of 'saai en opwindend'. Hun beider entourage zorgt er dan ook voor dat de twee diva's elkaar tijdens het festival in Verona nooit zullen ontmoeten.

Inmiddels is de zakenman Meneghini Callas' persoonlijke manager geworden en hoewel hij dertig jaar ouder is, wil hij absoluut met haar in het huwelijk treden.

Norma

Op 19 oktober 1948, ze is dan amper vijfentwintig jaar oud, zingt Maria Callas voor het eerst 'Norma' van Vincenzo Bellini. Die rol is een van de moeilijkste van het operarepertoire en zal eens en voor altijd met de naam Maria Callas verbonden blijven. Ze zingt 'Norma' negentig keer in acht verschillende landen.

'Misschien lijkt Norma wel een beetje op mij. Het is de fiere vrouw die te trots is om haar werkelijke gevoelens te tonen en die er uiteindelijk aan ten onder gaat. Het is de moeilijkste rol van mijn repertoire: hoe meer je haar zingt, hoe minder zin je erin hebt.'

Op 21 april 1949 trouwt ze met Giovanni Meneghini en ze reizen samen naar Buenos Aires, waar Maria 'Turandot' van Giacomo Puccini zingt.

Nadien volgen optredens in Venetië en Napels, maar de grote droom van Maria Callas is te mogen zingen in de Scala van Milaan.

De Scala van Milaan

Maria snakt naar een triomf in de Milanese operatempel, de zakenman Meneghini rekent op een aanbod voor een goedbetaald contract. In plaats van dat alles, krijgen ze te maken met een beleefde, eerder koele ontvangst en de raadselachtige gereserveerdheid van Antonio Ghiringhelli, de directeur van de Scala. Ghiringhelli heeft onmiddellijk een hekel aan Maria, de kracht die ze uitstraalt werkt op zijn zenuwen. Maria weet zeker dat Ghiringhelli haar verovering van de Scala kan uitstellen maar niet tegenhouden, en ze zet haar optredens verder in Napels, Milaan en New York.

De grote regisseur baron Luchino Visconti kiest haar voor de rol van Fiorilla voor Rossini's *Il Turco in Italia*. Maria voelt onmiddellijk Visconti's dramatische genialiteit en alleen al door zijn présence op de repetities maakt hij een grote indruk op haar.

De fascinatie is wederzijds en na de première van *Il Turco in Italia* schrijft een operarecensent: 'Maria Callas is de verrassing van de avond.' De directeur van de Scala kan haar succes niet meer tegenhouden en biedt Maria aan om het seizoen 1951-1952 te openen met *I Vespri Siciliani* van Verdi.

Voor de fanatieke operaliefhebber is opera een religie: Milaan is de 'Heilige Stad' en een première in de Scala is het heiligste ritueel op de kalender. Het Scalapubliek weet dan ook maar al te goed dat het van hem afhangt of een zanger internationale roem krijgt of niet.

De première van *I Vespri Siciliani* is een triomf: het publiek schreeuwt en stampt en Maria wordt keer op keer teruggeroepen. Zelfs de muzikanten in de orkestbak applaudisseren met minstens evenveel vuur als de mensen in de zaal, ondanks de legendarische onverschilligheid van alle orkesten ter wereld voor welke zanger dan ook.

De Scala heeft voor Maria Callas gecapituleerd, maar dat is voor haar zowel een reden tot vreugde als een bron van zorgen. Ze weet maar al te goed dat hoe hoger ze komt, hoe groter de roem is die ze hoog zal moeten houden.

Inmiddels woedt de rivaliteit tussen haar en Tebaldi verder.Tijdens een benefietconcert in Rio zingt Maria de aria 'Sempre Libera' uit *La Traviata*. Ze neemt het applaus in ontvangst en trekt zich terug. Renata Tebaldi wordt meegesleept door het tumultueuze applaus dat ze krijgt en komt niet één, maar twee keer terug. Voor La Callas is dat pure majesteitsschennis en iedereen backstage is getuige van een ordinaire scheldpartij tussen twee viswijven.

De poten van de olifant

Haar zakelijke belangen worden op harde wijze verdedigd door haar echtgenoot. Scherp onderhandelen, dat vindt Meneghini heerlijk. Waar het maar mogelijk is, vraagt hij een contante uitbetaling, zelfs bij de Metropolitan. De directeur Rudolf Bing betaalt hem contant uit... in biljetten van vijf dollar.

Maria Callas tekent een platencontract met Walter Legge, de grote baas van de platenfirma EMI. 's Anderendaags gaan Legge en zijn echtgenote, de wereldberoemde sopraan Elisabeth Schwarzkopf, naar een voorstelling van *La Traviata* met Maria Callas in de hoofdrol.

Na de voorstelling geeft Elisabeth Schwarzkopf aan Maria het meest ontroerende compliment dat ze ooit kreeg. Na de performance van Maria neemt Schwarzkopf het besluit om nooit meer *La Traviata* te zingen: 'Wat heeft het voor zin om een rol te zingen die een andere artiest perfect kan brengen?' luidt Schwarzkopfs koele beslissing.

Maar de critici blijven stoken en omdat Maria's stem zo onfeilbaar is, hebben de journalisten hun pijlen op haar zware postuur van tachtig kilo gericht. Na een première van *Aida* schrijft een criticus: 'Het is onmogelijk om enig verschil te zien tussen de poten van de olifanten op het toneel en de benen van Aida.' Maria beslist iets aan haar gewicht te doen en kiest de slanke actrice Audrey Hepburn als ideaal voorbeeld.

Ondertussen is het 7 december geworden, de traditionele premièreavond van de Scala. Maria Callas opent het seizoen als Lady Macbeth in de opera van Giuseppe Verdi. *Macbeth* is de eerste opera die in Italië op de televisie uitgezonden wordt. De dirigent is de legendarische Arturo Toscanini.

De slaapwandelscène van Lady Macbeth doet bij het publiek rillingen over de rug lopen en zorgt ervoor dat Maria zeven keer teruggeroepen wordt. Een criticus roemt haar 'bijna onmenselijke vocale eigenschappen'.

Ondertussen verliest ze steeds meer gewicht en naarmate de kilo's verdwijnen, krijgt ze meer en meer zelfvertrouwen. Bij de première van *Lucia di Lammermoor* van Gaetano Donizetti krijgt ze voor haar scène van de waanzin een uitzinnig applaus van veertig minuten en een regen van rode anjers. Maar de heksenjacht blijft doorgaan en sommige critici vinden haar stem lelijk en onmuzikaal.

Luchino Visconti

In de figuur van Luchino Visconti vindt Maria Callas de ideale regisseur. Visconti heeft het hele Milanese establishment tegen zich, want hij is baron, homo en communist. Vandaar zijn bijnaam 'de Rode Baron'.

Visconti groeit op in een huis dat doordrenkt is van kunst. In de loge van de familie leert hij als kind de opera liefhebben.

Voor Maria is Luchino Visconti een echte tovenaar. Samen zullen zij het totale theater creëren, de perfecte samensmelting van muziek, zang en drama. Hun samenwerking leidt de heerschappij van de regisseur in, ter vervanging van de dirigent die tot dan heer en meester in de opera is geweest.

Ze is gefascineerd door de excentrieke baron en wordt verliefd op hem terwijl hij kettingrokend de repetities bijwoont. Visconti, met zijn indrukwekkende gestalte met elegante leeuwenkop, is net zo gefascineerd door haar, maar in seksueel opzicht is hij veel meer geïnteresseerd in de jonge tenor Franco Corelli.

Met *La Vestale* van Gaspare Spontini maakt Visconti een sensationeel debuut als operaregisseur. Het budget is immens en in de zaal zit Arturo Toscanini. De voorstelling wordt op de radio uitgezonden en Maria zingt beter en mooier dan ooit.

Wat deze eerste samenwerking tussen Maria Callas en Luchino Visconti zo bijzonder maakt, is dat het publiek eindelijk kan geloven in wat er op het toneel gebeurt. De première van *La Vestale* is een mijlpaal in het muziektheater en voortaan zou de geschiedenis van de Scala in twee perioden worden ingedeeld: A.C. (Avanti Callas) en D.C. (Dopo Callas).

Voor de volgende productie van *La Sonnambula* (Bellini) vindt Visconti in Leonard Bernstein een medeperfectionist. Bernstein heeft achttien orkestrepetities bedongen daar waar de partituur normaal met één repetitie wordt afgedaan. Hun zoektocht naar het kleinste, exacte detail kent geen grenzen. Zo besteden ze samen uren in de kostuumafdeling van de Scala om de juiste veren voor de hoedjes van het koor uit te zoeken. 'Je moet kunnen geloven wat je ziet, maar de waarheid moet gefilterd zijn door de kunst', is het artistieke credo van de geniale Luchino Visconti.

La Traviata

La Traviata is de geliefkoosde opera van Visconti en het wordt dan ook het grootste succes van de grote regisseur en zijn goddelijke diva.

Maria is slank geworden – zij heeft niet alleen de stem, maar ook het figuur van de mooie courtisane. Maria Callas is 'La Traviata'.

Visconti heeft de opera naar de tijd van de belle époque, verplaatst omdat hij weet dat Maria er in een belle-époquekostuum nog eleganter en mooier zou uitzien.

De productie is zo'n succes dat de Italiaanse televisie de opera wil uitzenden. Maar de aristocraat Visconti wil van geen televisie weten, want hij wil 'zijn' Traviata niet opgesloten zien in een bokaal.

Na die opvoering zal de jonge regisseur Franco Zeffirelli zeggen: 'Maria Callas heeft net zoveel voor de Italiaanse opera gedaan als Verdi.'

New York

Op 15 oktober 1956 landt Maria Callas in New York om haar debuut te maken in de Metropolitan Opera. De muzikale en mondaine jetset van New York heeft een hoop geld besteed om te zien of Maria hen kan ontroeren.

Op een mondain feest wordt Maria voortdurend gevolgd door een zekere Dario Sorio. Iedereen vraagt zich af wie de man is, maar hij is gewoon de privédetective die ingehuurd werd door Van Cleef & Arpels, de juwelier bij wie Maria voor die avond juwelen ter waarde van één miljoen dollar heeft geleend.

Ook voor haar gezondheid wordt er gezorgd: Marlene Dietrich, die andere diva die in New York verblijft, heeft uren besteed aan het maken van een bouillonextract uit vier kilogram rundvlees om Maria tijdens de zenuwslopende dagen op de been te houden.

De meningen over Maria's 'Tosca' zijn verdeeld. Een criticus heeft het over de 'duivelse diva'. Haar verblijf in New York baadt in een sfeer van opwinding, controverse, bewieroking en vijandigheid.

Aristoteles Onassis

Op een bal in Venetië – *of all places* – ontmoet Maria Callas een andere illustere Griek. Zijn naam is Aristoteles Socrates Onassis. De setting lijkt wel die van een opera. Het feest duurt een hele week en gaat van het Lido naar Harry's Bar, van Harry's Bar naar Florian en van Florian naar Onassis' luxeboot Christina, die in de monding van het Canal Grande ligt. Zijn motorboot met twee in het wit geklede matrozen staat de hele tijd ter beschikking van Maria.

Het hof maken is begonnen, Maria is verrukt en haar echtgenoot vermoedt – voorlopig althans – niets. Waar ook ter wereld Maria optreedt, stuurt Onassis haar dagelijks een grote bos rode rozen. 'Wat is hij toch romantisch', is Maria's enige commentaar tegen haar man, die stilaan onraad begint te ruiken.

Daarna volgt een uitnodiging om te komen cruisen op de Christina. De bemanning telt zestig koppen, onder wie kelners, bedienden, naaisters en twee chef-koks, één voor Franse en één voor Griekse maaltijden. De marmeren badkamers zijn voorzien van massief gouden kranen en in Onassis' werkkamer hangt een authentieke El Greco. De clou is echter de ebbenhouten bar met de meest exquise dranken en barkrukken bekleed met de huid van de balzak van een walvis.

Maria wordt hartstochtelijk verliefd op de schatrijke reder. Precies zoals in de opera. Meneghini zegt dat dit het einde van haar carrière zou kunnen betekenen, maar ze kiest voor Onassis en overweegt zelfs haar zangcarrière op te geven.

'Je kunt geen twee meesters dienen. Ik wil alleen maar bij Onassis zijn, zijn echtgenote en zijn maîtresse zijn', zegt ze tegen haar goede vriend regisseur Franco Zeffirelli. Later zal Zeffirelli in een interview verklaren: 'Er was duidelijk een seksuele passie tussen hen. Op haar zesendertigste vindt Maria eindelijk echte seksuele bevrediging bij Onassis.'

Tegen haar moeder zegt Maria: 'Ik wil niet meer zingen. Ik wil een normaal leven leiden, met kinderen, een huis en een hond.' Toch kan Onassis Maria overtuigen nog een keer op te treden in het amfitheater van Epidaurus. Het is een triomf en ze moet zeventien keer terugkomen.

Maria, Maria

Om haar stem te sparen besluit Maria Callas op het toneel nog maar drie opera's van het repertoire te vertolken: *Norma*, *Medea* en *Tosca*. Maar het leven met Onassis is niet alles. Omwille van zijn kinderen wil hij niet met haar trouwen. Onassis beschouwt zichzelf als een zwerver, een moderne Odysseus, die zich overal thuis voelt waar er een telefoon en een nachtclub in de buurt zijn.

Zijn megalomanie kent geen grenzen: hij koopt een heel eiland en nodigt de first lady Jackie Kennedy uit om een cruise te maken aan boord van de Christina. Speciaal voor haar wordt de bemanning uitgebreid met twee kappers, een masseuse en een orkestje. Daarenboven wordt de Christina bevoorraad met acht soorten kaviaar en vers fruit dat elke morgen uit Parijs wordt overgevlogen. Zo bezoekt Onassis, vier jaar later, dezelfde plekken uit zijn jeugd, die hij Maria had laten zien. Maar deze keer is het met Jackie Kennedy aan zijn zijde en de wereldpers in zijn voetspoor. Wanneer ze (voorlopig) afscheid nemen van elkaar, krijgt Jackie een indrukwekkende diamant en een robijnen halsketting cadeau.

Als ze terug in het Witte Huis aankomt, merkt een van de personeelsleden fijntjes op: 'De first lady heeft sterren in haar ogen. Griekse sterren welteverstaan.'

Een maand later, op 22 november 1963, wordt John Kennedy vermoord. Hoewel hij niet uitgenodigd is, vliegt Onassis onmiddellijk naar Washington om de begrafenis van de president bij te wonen. Na de plechtigheid vliegt hij terug naar Parijs, om Maria's veertigste verjaardag te vieren. Het pendelen tussen twee vrouwen is begonnen.

Tosca forever

Maria bereidt een nieuwe productie van *Tosca* voor, maar het wil niet vlotten: ze heeft voortdurend koorts en alle symptomen van bronchitis. Ze weet maar al te goed dat die symptomen psychosomatisch zijn en veroorzaakt worden door haar zenuwen en angsten.

Op 5 maart 1958 zingt zij *Tosca* in de Metropolitan van New York. Een paar minuten voor het doek zou opgaan, begint de zaal plotseling te klappen. Alle ogen keren zich in dezelfde richting. Mrs. John F. Kennedy, nog altijd het idool van heel Amerika, is aangekomen.

Maria's vertolking getuigt meer dan ooit van het diepe lijden van een vrouw die verscheurd wordt door jaloezie. De voorstelling is een triomf en Maria wordt zestien keer teruggeroepen. De voorstelling duurt een uur langer dan voorzien omdat het publiek te midden van de scènes begint te juichen en in de handen te klappen.

Op drieënveertigjarige leeftijd is Maria Callas zwanger, maar Onassis waarschuwt haar dat als ze het kind wil houden, dat ook het einde van hun relatie zal betekenen. Die abortus, op een moment dat Maria snakt naar iets wat haar leven betekenis kan geven, zorgt ervoor dat haar grootste wens onvervuld blijft.

Onassis en Jackie Kennedy worden meer en meer samen gezien en de boulevardpers heeft een vette kluif aan het illustere duo dat zich niet geneert om zich in het openbaar te vertonen. Onassis wordt gedreven door een overmatige dorst naar prestige en de geldgeile Jackie Kennedy 'kickt' op een buitensporig luxeleven met de Griekse reder. Met hem vindt ze bevrediging voor haar maniakale koopzucht. Tijdens hun eerste huwelijksjaar zal ze naar schatting anderhalf miljoen dollar uitgeven.

Op 20 oktober 1968 trouwen Jacqueline Kennedy en Aristoteles Onassis. Maria Callas, die zo dikwijls de verscheurende jaloezie van 'La Tosca' op het toneel vertolkte, ondervindt die liefdespijn nu aan den lijve.

Maria is ten einde raad en tot ieders verbazing zegt ze 'ja' tegen de controversiële filmregisseur Pier Paolo Pasolini wanneer hij haar in februari 1969 vraagt voor de hoofdrol van zijn verfilming van *Medea*. De film is een commerciële flop, maar Maria Callas is onvergetelijk in de rol van de bedrogen koningin Medea, die haar kinderen vermoordt om zich te wreken op haar ontrouwe echtgenoot Jason.

'Je moet er de liefde mee bedrijven'

Het ochtendnieuws van 25 mei 1970 meldt: 'Maria Callas heeft getracht zich van het leven te beroven door een overdosis slaappillen te nemen. Ze is met spoed opgenomen in het Amerikaanse ziekenhuis van Neuilly.'

Het bericht van haar zelfmoordpoging heeft het publiek diep geroerd: 'Ik heb nog nooit zoveel bloemen gekregen zonder te zingen', zegt zij.

Inmiddels realiseert Onassis zich dat zijn huwelijk met 'La Kennedy' een rampzalige vergissing is. Eenmaal getrouwd vindt hij haar 'ijskoud en oppervlakkig'.

Maria Callas geneest, maar wil voorlopig niet meer optreden. Wel geeft ze een master class aan de vermaarde Juilliard School in New York. Wanneer haar gevraagd wordt wat het belangrijkste is om muziek goed uit te voeren, antwoordt ze: 'Je moet er de liefde mee bedrijven.'

Giuseppe di Stefano, een van de beste stemmen van de eeuw, stelt Maria voor om samen een comeback te maken. Ze treden samen op en in haar eenzaamheid begint Maria een relatie met de getrouwde Di Stefano, die haar meer verdriet dan vreugde zal brengen.

Ook de optredens zijn teleurstellend. Het is alsof Maria besloten heeft Callas in het openbaar kapot te maken met een veeleer pijnlijke comeback, in het gezelschap van een tenor die al jaren tevoren had moeten stoppen met zingen. Het publiek echter blijft in de legende geloven.

Maria Callas beseft echter maar al te goed dat ze slechts een schaduw van zichzelf is en ze wordt met de dag wanhopiger en eenzamer.

Doek!

Wanneer Maria in 1975 de dood van Onassis verneemt, zegt ze: 'Ik ben ineens weduwe geworden.' Ze besluit te stoppen met zingen: 'Ik ben over de vijftig, vrij om te doen en laten wat ik wil. Ik heb al het geld om mij te vermaken en wat doe ik? Werken.' In die neerslachtige stemming ontvangt ze in november 1975 het bericht van de moord op Pier Paolo Pasolini.

Alle aanbiedingen om opnieuw op te treden beantwoordt ze met de woorden 'Callas is dood'. En Maria zal 'La Callas' niet lang overleven.

Maria Callas, misschien wel de grootste operazangeres aller tijden, sterft op 16 september 1977.

Bibliografie

De Ceccatty, R., *Maria Callas*, Gallimard/Folio, 2009.
Schifano, L., *Visconti. Une vie exposée*, Gallimard/Folio, 1970.
Stassinopoulos, A., *Maria Callas*, BZZTôH/Rainbow Pockets, 1985.

Marilyn Monroe

(1921-1962)

Een toekomstige filmster

Marilyn Monroe wordt geboren als Norma Jean in Los Angeles op 1 juni 1926. Van haar vader weten we niets en haar moeder, een zekere Gladys Baker, acht zich niet in staat om haar dochtertje een deftige opvoeding te geven. Twee weken na de geboorte van Norma plaatst Gladys haar baby in een pleeggezin, de familie Bolender. Zoals veel Amerikaanse gezinnen vullen de Bolenders hun schaarse inkomen aan met de adoptie van kinderen, uiteraard tegen betaling. Het pleeggezin is diepgelovig en mist geen enkele eredienst van de rondtrekkende predikanten. Norma is diep onder de indruk van de hevige donderpreken en de religieuze hysterie. 's Nachts heeft het kind de naarste dromen: 'Ik droomde dat ik in de kerk stond, helemaal zonder kleren, dat alle mensen voor mijn voeten op de kerkvloer lagen en dat ik daar poedelnaakt rondliep met een groot gevoel van vrijheid.'

Als kind wil Norma Jean absoluut naar de cinema, maar haar pleegouders maken haar snel duidelijk dat ze tot een gezin van kerkgangers behoort en niet van bioscoopbezoekers! Voor de jonge Norma Jean is er geen plaats voor Katherine Hepburn of Mae West, maar wel voor fanatieke predikanten. Als ze dan toch op een zondagnamiddag kan wegglippen, gaat Norma naar een film met Jean Harlow, de platinablonde vamp. De jonge Norma Jean heeft haar grote idool gevonden en haar passie voor film deelt ze met een zekere Grace McGrew, een vriendin van haar pleegouders. Norma zegt 'tante' tegen Grace en Grace, die ooit van een filmcarrière droomde, wordt de geheime filmmoeder van de toekomstige Marilyn Monroe.

Het huwelijk van Lolita

De dertienjarige Norma Jean is een mooi meisje en aangemoedigd door haar 'filmmoeder' Grace doet de knappe tiener alles om op haar idool Jean Harlow te lijken.

Dat geflirt met het eerste blonde sekssymbool is natuurlijk zeer tegen de zin van haar pleegouders. Norma Jean wil het koste wat het kost van het juk van de Bolenders bevrijd worden en als zij zestien is, regelt Grace voor haar protegé een huwelijk met de vijf jaar oudere Jim Dougherty. Voor Norma is het huwelijk met Jim gewoon een middel om vrij te zijn en binnen de kortste tijd ontstaan er wrijvingen tussen de ambitieuze Norma en de stugge Jim. Later zal Jim Dougherty het als volgt samenvatten: 'Er waren nooit problemen in ons huwelijk... tot ik een gezin wilde en zij een carrière. Norma had maar één ding in haar hoofd: een filmster worden.' In het begin van hun huwelijk aanvaardt ze nog de rol van huisvrouw en seksmaatje, maar in haar diepste binnenste droomt ze ervan de opvolgster van Jean Harlow te worden, die in 1937 op zesentwintigjarige leeftijd overleden was.

De droom van de fotograaf

Norma Jean zit niet graag thuis en is heel blij wanneer ze werk vindt als schoonmaakster van legervliegtuigen. Wanneer op een dag een groep fotografen van de Army First Picture Unit naar de fabriek komt, heeft Norma Jean meteen begrepen dat dit de kans van haar leven is. De fotografen willen niet zomaar een reportage over werkende vrouwen in dienst van het leger, maar ze willen foto's van aantrekkelijke dames om die later in militaire en commerciële tijdschriften te publiceren. De opgewekte en enthousiaste Norma Jean blijft lang niet onopgemerkt en tegen de lente van 1945 is ze op vierentwintigjarige leeftijd de droom van elke fotograaf. Norma begrijpt de kunst van het flirten met de camera en maakt meteen oogcontact met haar toekomstige bewonderaars. Een zwoele blik, een uitdagende glimlach en haar priemende borsten doen de rest. Norma Jean wil professioneel fotomodel worden, maar haar echtgenoot vindt dat niet passen bij een getrouwde vrouw. Stiekem betaalt ze vijfentwintig dollar om haar foto's in *The Blue Book* te plaatsen, een catalogus met meisjes die filmster of mannequin willen worden.

Fotomodel

Op een morgen wordt Norma Jean opgebeld door André De Dienes, een tweeëndertigjarige fotograaf uit Hollywood. De Dienes doktert een kleine mise-en-scène uit voor wat Norma Jeans eerste fotoshoot zal zijn: hij plaatst het meisje langs de Route 101 als een sportieve liftster, blootsvoets en met een ontwapenende glimlach. Die eerste professionele fotosessie en haar romance met André De Dienes zijn een keerpunt in het leven van de toekomstige Marilyn Monroe. De Dienes is haar eerste echte seksuele partner maar het meest van al houdt ze van zijn fototoestel want: 'De liefde bedrijven met de camera is bevredigend en veilig.' Wanneer de filmtycoon Darryl Zanuck de foto's onder ogen krijgt, biedt hij Norma Jean een contract aan van vijfenzeventig dollar per week.

'Introducing Marilyn Monroe'

Nu ze haar eerste filmrol binnen heeft, wil Norma Jean breken met haar verleden en ze verandert haar naam in Marilyn Monroe. Met bovenaan de generiek 'Introducing Marilyn Monroe', wordt *Love Happy* in februari 1949 uitgebracht. De film is een aaneenschakeling van krankzinnige sketches met de Marx Brothers in de hoofdrol. Het optreden van Marilyn Monroe duurt niet langer dan één minuut en voor die ene draaidag krijgt ze vijfhonderd dollar. Na de filmpremière blijft het een tijdje stil, tot ze gecontacteerd wordt door Tom Kelley, een freelancefotograaf die een model zoekt voor de nieuwe kalender van Pabst Bier. De fotosessie verloopt heel ontspannen: Tom speelt een van Marilyns lievelingsplaten: 'Begin the Beguine' van Artie Shaw en drapeert een roodfluwelen doek over de studiovloer. Gedurende twee uur poseert Marilyn helemaal naakt, alsof het de normaalste zaak van de wereld is. Haar naaktportretten uit 1949 zijn iconen in de geschiedenis van de fotografie en worden tot vandaag nog altijd gereproduceerd.

Marilyn verdient goed als fotomodel, maar ze wil hogerop: ze volgt toneellessen, schrijft zich in aan de universiteit van Californië voor een avondcursus wereldliteratuur en leest Rainer Maria Rilke, Marcel Proust en Sigmund Freud. Haar toneellerares stelt haar voor aan Michael Chekhov, bij wie ze extra acteerlessen neemt. Michael is de neef van de grote Anton Chekhov en een vroegere collega van de regisseur Konstantin Stanislavski van het Moskouse Kunsttheater. Michael heeft gewerkt met theatergrootheden als Max Reinhardt en John Gielgud. Deze intellectualistische en psychoanalytische benadering van het acteren heeft echter een nefaste invloed op het karakter van Marilyn Monroe. Ze lijdt aan een bijna krankzinnige behoefte om alles perfect te doen en hoe meer ze studeert, hoe neurotischer haar faalangst wordt. Een andere grote handicap is dat ze altijd en overal te laat komt.

Joe DiMaggio

Begin 1951 ontmoet de vijfentwintigjarige Marilyn Monroe de zevenendertigjarige honkbalspeler Joe DiMaggio. Joe komt uit een Siciliaans immigrantengezin van negen kinderen, hij krijgt drie keer de prijs van de Beste Honkbalspeler van Amerika en op zijn zevenendertigste kan hij al met pensioen. Wanneer hij in een magazine een foto van Marilyn ziet, waarop zij met een korte rok in honkbaltenue poseert, wil hij haar absoluut ontmoeten.

1953 is voor Marilyn Monroe het magische jaar waarin zij in één klap wereldberoemd wordt, enerzijds door haar flirt met Joe DiMaggio maar vooral door haar naaktfoto op de kalender van Pabst Bier. Een jaar later verschijnt de film *Niagara* van Henry Hathaway. Die film noir is het kassucces van het jaar en is vooral bekend voor een wandelscène van 38,6 meter waarbij de camera van heel dichtbij toont hoe Marilyns billen onder haar rok bewegen. 'Marilyns billen knipogen naar de kijker' zal een criticus schrijven.

Het ministerie van Landsverdediging vraagt aan Marilyn Monroe om met enkele vrouwelijke militairen te poseren voor een promotiecampagne voor vrouwen in het leger. Geflankeerd door enkele vrouwelijke militairen in het voorgeschreven donkerblauwe uniform met das, springt Marilyn uit de band in een witte zomerjurk met een veelbelovend decolleté. Wanneer Joe DiMaggio de foto's ziet, is hij in alle staten en Marilyn moet hem beloven in het vervolg minder opvallende jurken te dragen.

De volgende film van Marilyn is *River of no Return*,een superproductie van Otto Preminger, waarin ze de gespierde macho Robert Mitchum als partner heeft. De ontmoeting tussen Marilyn Monroe en Robert Mitchum is een clash van twee sekssymbolen en de erotiek spat van het witte doek. Marilyn doet daarbij nog een extra duit in het zakje met haar sensuele interpretatie van de ontroerende song 'One Silver Dollar'.

De Seksuele Revolutie van Alfred Kinsey

In 1953 publiceert Alfred Kinsey *Sexual Behavior in the Human Female*, een onthullende enquête naar het seksuele gedrag van de Amerikaanse vrouw. Vijf jaar eerder al had de professor de Amerikaanse man geanalyseerd en nu de beurt aan de vrouw is, schreeuwt het puriteinse Amerika andermaal moord en brand. Voor de conservatieve politici en de clerus zou er een causaal verband bestaan tussen het onverbloemde rapport van Alfred Kinsey en de uitdagende sensualiteit van Marilyn Monroe. Het is immers een feit dat zowel Kinsey als Monroe de hypocrisie van het puriteinse Amerika doorprikken. In de preutse jaren 1950 durft Kinsey te schrijven dat meer dan de helft van de Amerikaanse vrouwen bij het huwelijk geen maagd meer is en dat meer dan een kwart van de getrouwde vrouwen een buitenechtelijke verhouding heeft. Maar het ergste van al is toch wel dat Kinsey durft te beweren dat ook vrouwen kunnen genieten van seks!

Arme Joe

Op 14 juni 1954 treden Marilyn Monroe en Joe DiMaggio met elkaar in het huwelijk. Al zijn vrienden en familieleden zijn op het appel, maar voor Marilyn is er niemand gekomen. Wanneer de orchideeën in de warmte van haar hand verleppen, vraagt Marilyn aan Joe dat als zij vóór hem zou sterven, hij dan elke week verse bloemen op haar graf zou komen leggen. Joe belooft het haar en vanaf 1962 zal hij gedurende twintig jaar driemaal per week verse rozen op het graf van zijn geliefde komen leggen. Na enkele maanden vakantie gaat Marilyn in het putje van de winter optreden voor de Amerikaanse troepen in Korea: 'Ik had zeventienduizend soldaten voor mij staan. Ik bleef naar ze lachen. Het was gaan sneeuwen, maar ik voelde me alsof ik in de stralende zon stond.' Marilyn geniet van het succes bij duizenden soldaten, maar thuis is haar huwelijk niet wat ze gehoopt had. Joe, die niet meer moet werken, kijkt de hele dag naar de televisie. Marilyn wil naar het theater en naar concerten en met Joe over poëzie discussiëren. Maar in plaats van een culturele avond, trakteert Joe haar regelmatig op een paar meppen. Uiteindelijk zit er niets anders op dan uit elkaar te gaan.

Actor's Studio en Arthur Miller

In 1955 volgt Marilyn Monroe acteerles bij de controversiële theaterdocent Lee Strasberg, de directeur van Actor's Studio. Zijn opleiding is vooral gebaseerd op de affectieve herinnering. Met die 'methode' haalt de acteur zijn persoonlijke herinneringen en gevoelens naar boven en projecteert die in de rol die hij moet interpreteren. Dat kan tot geweldige acteursprestaties leiden, maar het is niet zonder gevaar voor een emotioneel zwakke leerling-tovenaar als Marilyn Monroe.

Lee Strasberg heeft connecties in het theatermilieu en hij stelt Marilyn Monroe voor aan Arthur Miller, de gevierde auteur van *The Death of a Salesman*. Miller heeft de première van *The Crucible* achter de rug, een toneelstuk over de historische heksenvervolgingen in de zeventiende eeuw, die hij gebruikt als metafoor voor de jacht van senator Joseph McCarthy op het communisme. Miller, die in zijn jeugd al sympathiseerde met linkse ideeën, wordt door de FBI in de gaten gehouden en moet verschijnen voor de House Un-American Activities Committee om zich te verantwoorden voor zijn zogezegde band met de Communistische Partij. Ondertussen is de invloed van Lee Strasberg op Marilyn Monroe zo sterk dat hij haar kan overtuigen dat zijn echtgenote Paula haar persoonlijke coach wordt tegen een bedrag van 1500 dollar per week. Of Marilyn dankzij de theatertraining van de Strasbergs een goede actrice wordt, is nog altijd de vraag, maar het is een feit dat als in 1956 de film *Bus Stop* van Joshua Logan in première gaat, vriend en vijand het eens zijn dat Marilyn Monroe niet het zoveelste sexy domme blondje is, maar een volwaardige actrice.

Marilyns volgende film, *The Prince and the Showgirl*, wordt gedraaid in de Londense Pinewood Studio's. Haar tegenspeler is de Britse topacteur Laurence Olivier, die ook de regisseur en de producer is. De opnamen zijn een regelrechte ramp. Voor de onvergetelijke vertolker van Hamlet is Monroe een Amerikaanse, hersenloze blondine. Marilyn troost zich met alcohol en tranquillizers, verschijnt dronken en te laat op de set of komt helemaal niet opdagen. De film is een regelrechte flop, maar dat kan Marilyn Monroe niet deren: in de zomer van 1956 huwt ze met haar nieuwe grote liefde, Arthur Miller.

Some Like It Hot

In mei 1957 is Marilyn dolgelukkig want ze is zwanger. Haar vreugde zal spijtig genoeg van korte duur zijn, want op 1 augustus zakt ze ineen van de pijn en de dokters constateren een buitenbaarmoederlijke zwangerschap. Het verlies van haar kind brengt een zware slag toe aan haar zelfvertrouwen en de wekelijkse sessies bij een dure psychiater kunnen dat amper verhelpen. Ook de acteerlessen met de intellectuele Lee

Strasberg maken haar faalangst nog groter. Marilyn Monroe is een natuurtalent dat ineenklapt als de rol psychoanalytisch benaderd moet worden.

Een chique fotosessie voor *Life* met glamourfotograaf Richard Avedon brengt haar een kortstondig soelaas, maar wanneer in september 1958 de opnamen voor *Some Like it Hot* beginnen, zit Marilyn opnieuw in zak en as. De kaarten liggen nochtans goed: de regisseur is de geniale Billy Wilder, die ook het prachtige scenario schreef, en haar partners zijn de topacteurs Jack Lemmon en Tony Curtis. Maar de vriendschappelijke sfeer die in het begin op de set heerst, slaat snel om in vijandschap. Vakmannen als Jack Lemmon en Tony Curtis raken geïrriteerd als ze vijftien keer dezelfde scène moeten herhalen omdat Marilyn zich in het midden van een zin verspreekt of omdat ze vindt dat ze een bepaalde scène beter kan doen. De draaidagen lopen uit de hand: 'Iets wat we in een uur hadden kunnen voltooien, loopt soms uit tot drie dagen,' aldus regisseur Billy Wilder, 'want na elke slechte take begint Marilyn te huilen en dan moet er opnieuw make-up aangebracht worden.' De kritiek van haar partners liegt er niet om: 'Nooit heb ik zulke briljante regieaanwijzingen horen geven als die welke Billy Wilder haar gaf en toch moest zij keer op keer herbeginnen', zegt Jack Lemmon. Tony Curtis op zijn beurt windt er geen doekjes om: 'Marilyn Monroe kussen, was hetzelfde als Hitler kussen.' Maar eind goed, al goed, als we tenminste Billy Wilder mogen geloven: 'Er waren dagen dat ik haar kon wurgen. Maar er waren ook prachtige dagen, wanneer we allemaal wisten dat ze briljant was. Iedereen kan een stuk tekst uit zijn hoofd leren, maar alleen een echte artiest kan naar de set komen zonder z'n tekst te kennen, en toch een magistrale acteerprestatie neerzetten zoals Marilyn dat doet.'

Wanneer de film in mei 1959 in première gaat, kent hij een echte triomf. Het publiek en de critici zijn wild van de avonturen van twee muzikanten die, omdat zij getuigen waren van een afrekening in het gangstermilieu, als vrouw verkleed moeten onderduiken in een damesorkest waarvan Marilyn Monroe de zangeres (met ukelele!) is. *Some Like It Hot* sleept vier Golden Globes in de wacht en is uitgeroepen tot 'de beste Amerikaanse komedie aller tijden'.

'My Heart Belongs to Daddy'

In haar volgende film met de veelbelovende titel *Let's Make Love* heeft Marilyn Monroe George Cukor als regisseur, maar ze heeft vooral oog voor haar partner, de Franse chansonnier-acteur Yves Montand. 'Naast mijn man en Marlon Brando vind ik Yves Montand de aantrekkelijkste man die ik ooit ben tegengekomen', is Marilyns commentaar bij hun eerste ontmoeting. Montand is doodsbang dat zijn uitspraak en acteerprestaties ondermaats zouden zijn en dat schept meteen een band met de immer aarzelende Marilyn.

De film, die het verhaal vertelt van een amourette tussen een Franse miljardair en een knappe showgirl op Broadway, is geen hoogvlieger, maar Marilyns aanstekelijke uitvoering van 'My Heart Belongs to Daddy' wordt een monsterhit.

Na de opnamen keert Yves Montand terug naar zijn vrouw in Parijs, de grote Simone Signoret, wier enige commentaar is: '*Personne ne résiste à Marilyn Monroe.*'

Arthur Miller beseft dat het huwelijk tussen een schrijver en een *pretty woman* niet altijd zaligmakend is en hij schrijft zijn frustraties van zich af in het scenario van *The Misfits*, zijn afscheidscadeau aan Marilyn. Ook zij is ontgoocheld, ze voelt zich helemaal alleen bij de egoïstische Arthur Miller en zoekt troost bij Ralph Greenson, de flamboyante psychiater van de stars en de rijken van Beverly Hills.

'The Misfits'

The Misfits is de annalen van de filmgeschiedenis ingegaan als een van de mooiste *films maudits* die er ooit gedraaid werden, en wat er zich in de coulissen van *The Misfits* afspeelt is dramatischer dan wat er op het witte doek te zien zal zijn. Arthur Miller, die al drie jaar aan het script schrijft, moet bij de aanvang van de opnamen bekennen dat het scenario verre van klaar is. Marilyn Monroe en Montgomery Clift zijn beiden verslaafd aan alcohol, peppillen en kalmeermiddelen. Zij liggen meer in hun caravan hun roes uit te slapen dan dat ze op de set staan. De negenenvijftigjarige Clark Gable wil niet toegeven dat hij een dagje ouder is en staat erop alle stunts met de paarden zelf te doen. De pijn van de kwetsuren spoelt hij weg met een stevige slok bourbon. De regisseur John Huston rookt en drinkt zich te pletter en vergokt het productiegeld aan de speeltafels van de casino's van Reno. Bovendien gedraagt hij zich met zijn acteurs als een echte sadist: 'Ik heb graag dat de opnamen pijn doen.'

The Misfits is het verhaal van drie verlopen cowboys die in de woestijn op wilde paarden jagen om ze af te slachten en als hondenvoer te verkopen. Het is ook het psychodrama van drie filmiconen die, zonder dat ze het weten, in *The Misfits* hun laatste rol zullen spelen.

De enige die bij deze filmramp welvaart, is Arthur Miller: tijdens de opname leert hij zijn toekomstige nieuwe vrouw kennen, de Oostenrijkse fotografe Inge Morath, die in opdracht van het fotoagentschap Magnum samen met Henri Cartier-Bresson een reportage maakt over de filmopnamen. En ook deze keer is het (foto)boek beter dan de film!

Als de film op 1 februari 1961 uitkomt, is het een regelrechte flop en tevens het einde van de gouden jaren van Hollywood.

'Happy Birthday, Mister President'

In februari 1962 wordt Marilyn Monroe door crooner Bing Crosby uitgenodigd op een diner ter ere van John Fitzgerald Kennedy. De president is een notoire rokkenjager en heeft net een affaire met actrice Angie Dickinson achter de rug. Tijdens de afterparty is Marilyn niet ongevoelig voor de avances van de machtigste man van Amerika.

Uiteraard moet hun relatie verborgen blijven, maar drie maanden later, op het verjaardagsgala ter gelegenheid van de vijfenveertigste verjaardag van de president van de

Verenigde Staten, brengt Marilyn Monroe een ultieme ode aan haar geliefde. Zaterdagavond, 19 mei 1962, Madison Square Garden, New York: de zaal zit afgeladen vol met meer dan 15.000 man die tot duizend dollar betaald hebben om 'erbij te zijn'. En ze zullen waar voor hun geld krijgen, want op de affiche staan: Ella Fitzgerald, Peggy Lee, Harry Belafonte en de goddelijke Maria Callas. Ceremoniemeester is Peter Lawford, de zwager van de president en notoir lid van Frank Sinatra's Rat Pack. Maar de sensatie van de avond is ontegensprekelijk Marilyn Monroe. Ze verschijnt in een nauwsluitende jurk die letterlijk op haar lichaam genaaid werd en enkel gekleed in huid en parels zingt ze een zwoele versie van 'Happy Birthday, Mister President'. Niemand in de zaal kan dan vermoeden dat het verjaardagsliedje Marilyns zwanenzang zal zijn.

'Het recht om te schitteren'

Marilyn is zesendertig en de meest begeerde vrouw van Amerika, maar ze is ongelukkig en radeloos. Ze is zwaar verslaafd aan barbituraten en in de hoop haar te helpen schrijft de psychiater Ralph Greenson haar een sterk slaapmiddel voor.

Op 5 augustus 1962 wordt Marilyn Monroe dood aangetroffen door haar huishoudster. De politie noteert 'waarschijnlijk zelfmoord'.

Na haar overlijden duiken er allerlei moordtheorieën op, de ene nog fantastischer dan de andere: Marilyn is vermoord door de CIA, door de FBI, door de maffia, door vriendjes van de Kennedy's.

Maar 'De zoete engel van de seks', zoals Norman Mailer haar zo mooi noemt, is dood. Op de ochtend van 6 augustus 1962 ligt het stoffelijk overschot van Marilyn Monroe opgebaard in het mortuarium van Los Angeles en is het nog door niemand opgeëist. Bijgevolg is niemand verwonderd wanneer een zekere Joe DiMaggio het gebouw binnenstapt om alles te regelen. Hij beslist dat bij de begrafenis geen Hollywoodsterren aanwezig zullen zijn, geen journalisten, geen fotografen. Deze mensen hebben volgens Joe Marilyn kapot gemaakt. Enkel dertig kennissen en vrienden worden uitgenodigd, onder wie Arthur Miller die, hertrouwd met Inge Morath, niet op de uitnodiging ingaat.

Tijdens de begrafenis speelt de organist Marilyns geliefkoosde muziek: het adagio uit de zesde symfonie van Tsjaikovski en 'Over the Rainbow' uit de film *The Wizard of Oz*.

Lee Strasberg, haar mentor, spreekt met trillende stem: 'We kenden Marilyn als een warm mens. Ze was impulsief, verlegen en eenzaam. Ze was gevoelig en bang om afgewezen te worden en tegelijkertijd gretig naar het leven. Het enige wat ze opeiste was het recht om te schitteren.'

Coda

In het najaar van 2010 verschijnt met veel heisa een publicatie waarvan de titel boekdelen spreekt: *Ik ben alleen. Dagboekfragmenten, brieven, gedichten* door Marilyn

Monroe. Een fraai boek, met kattebelletjes van Marilyn Monroe, unieke foto's en een virtuoos voorwoord van de Italiaanse schrijver Antonio Tabucchi: 'Als het een film was, zou het een flashback zijn. Dan zou je een kind zien met een lief gezichtje en grote ogen dat Norma Jean heet.'

Bibliografie

CHURCHWELL, S., *The many lives of Marilyn Monroe*, Granta Books, 2005.
FERDINANDUSSE, R., *Als sterren naar de hemel gaan*, Thomas Rap, 2004.
GUILES, F.L., *Norma Jean. The Tragedy of Marilyn Monroe*, W.H. Allen, 1969.
MONROE, M., *Ik ben alleen. Dagboekfragmenten, brieven, gedichten*, Meulenhoff, 2010.
SCHNEIDER, M., *Marilyn dernières séances*, Grasset, 2006.
SPOTO, D., *Marilyn Monroe. De biografie*, Standaard, 1995.

Marlene Dietrich

(1901-1992)

Van Maria Magdalena tot Marlene

Marlene Dietrich wordt geboren als Maria Magdalena von Losch Dietrich op vrijdag 27 december 1901. Haar moeder komt uit een rijke Berlijnse familie en haar vader is een knappe man en een verwoede rokkenjager die regelmatig verzorgd moet worden voor syfilis. Als ze drie jaar oud is, krijgt Maria Magdalena nog een zusje, Liesel genoemd.

Van haar moeder erft Marlene de *sérieux*, van haar vader heeft ze de kunst van het verleiden. Als ze twaalf is, verandert Maria Magdalena haar naam in Marlene, omdat ze vindt dat Marlene mooier klinkt. Marlene studeert muziek, speelt viool en dweept met de Duitse filmsterren uit die tijd.

Onder druk van de schooldirectrice is ze zoals alle Duitse kinderen van twaalf jaar erg vaderlandslievend en breit ze kousen en mutsen voor de jongens aan het front.

Op het lyceum wordt Marlene Dietrich stapelverliefd op haar lerares Frans en op de Franse cultuur. In haar autobiografie schrijft Marlene: 'Juffrouw Marguerite Breguand was een balsem voor mijn eenzaamheid.'

Als Marlene zeventien is, wordt ze zwaar ziek. Ze heeft een zwak hart en is vooral neerslachtig omdat ze haar mooie jeugd moet doorbrengen in de grauwe oorlogsjaren. 'Wij aten 's morgens, 's middags en 's avonds aardappelen... we maakten aardappelsoep en aardappeltaart', schrijft ze in haar autobiografie.

Weimar

Vader Dietrich is aan het Oostfront gesneuveld en in oktober 1919 verhuist moeder Dietrich met haar twee dochters naar Weimar. Daar ontmoet Marlene de befaamde Alma Mahler, die op dat ogenblik getrouwd is met de architect Walter Gropius, de stichter van het beroemde Bauhaus. De introverte Marlene dweept met de literatuur en leest de grote klassiekers: de filosoof Immanuel Kant en de dichters Johan Wolfgang von Goethe en Rainer Maria Rilke.

Marlene is muzikaal begaafd en volgt vioolles bij een zekere Robert Reitz. Niet dat de naam van haar leraar zo belangrijk is, maar Robert Reitz is de geschiedenis ingegaan als de man die op een versleten sofa Marlene Dietrich heeft ontmaagd. In haar dagboek schrijft ze: 'Hij duwde, zuchtte en pufte. Hij had zelfs zijn broek niet uitgetrokken. En ik lag daar op die oude divan, met mijn rok tot boven mijn gezicht, terwijl mijn billen geschaafd werden door de ruwe stof van de vieze sofa.'

Berlijn

Na de oorlog keert de familie Dietrich terug naar het verwoeste Berlijn. Het enige lichtpunt voor de jonge Marlene in die droevige jaren van ontbering, is haar vioolstudie. Ze oefent tot acht uur per dag. Door de intense oefeningen raken de ligamenten aan haar hals zo gekneusd dat Marlene haar droom van een violistencarrière moet opgeven.

Maar de ambitieuze Marlene blijft niet bij de pakken zitten en ze schrijft zich in aan de toneelschool van de grote theaterregisseur Max Reinhardt. Voor de auditie kiest ze een fragment uit Goethes *Faust*, namelijk het gebed van Fausts geliefde Gretchen. Haar vertolking is zo overtuigend dat ze cum laude slaagt voor haar examen.

Max Reinhardt is de keizer van het Berlijnse spektakelleven, met zijn vier theaters is hij oppermachtig. Om zijn jonge studenten klaar te stomen voor de praktijk, bezorgt hij hen kleine figurantenrollen. Soms speelt Marlene op dezelfde avond in twee verschillende voorstellingen. In het eerste theater duikt ze in het eerste bedrijf op als een guitig kamermeisje, om anderhalf uur later, in een ander theater, te paraderen als een pretentieuze hofdame.

Marlene wil hogerop, ze wil een ster worden en ze spiegelt zich aan haar grote idool, de Zweedse actrice Greta Garbo.

Een bizar huwelijk

Stilaan ontwaakt Berlijn uit zijn as en om te wedijveren met de filmindustrie uit Hollywood worden de grote UFA-studio's gebouwd. Hier draaien geniale regisseurs als Robert Wiene en vooral Fritz Lang de grote meesterwerken van de Duitse cinema: *Das Cabinet des Dr. Caligari*, *Dr. Mabuse* en *Metropolis*.

Om wat geld bij te verdienen gaat Marlene audities doen bij *casting director* Rudolf Sieber. Hij is de man die beslist wie wel en wie niet voor een filmrolletje in aanmerking komt. En dan raakt alles ineens in een stroomversnelling. Marlene gebruikt al haar charmes en Rudolf wordt reddeloos verliefd. Ze trouwen en een jaar later krijgen ze een dochter, die ze Maria noemen.

Vanaf het moment dat ze zwanger is, zal Marlene geen seks meer hebben met Rudolf Sieber. Naar ze zelf beweert, blijft dat zo haar hele leven lang. Toch blijven Rudolf en Marlene vijftig jaar met elkaar getrouwd. Een huwelijk dat op zijn zachtst gezegd nogal 'bizar' is. Marlene houdt er een leger minnaars op na en Rudolf is 'verloofd' met het Russische kindermeisje Tamara, bijgenaamd Tami. Het is een schitterend geslaagde *mariage à trois* en wat meer is: Marlene laat Rudolf de brieven van haar minnaars lezen en bezorgt hem kopieën van haar eigen liefdesbrieven.

Wanneer Marlene in Amerika woont, komt Rudolf regelmatig bij haar logeren, samen met zijn Russische maîtresse. *Tout va pour le mieux dans le meilleur des mondes.*

Josef von Sternberg

Marlene Dietrich speelt elke avond in verschillende theaterproducties. De beloftevolle actrice is zowel te zien in de klassiekers van Heinrich von Kleist, als in de moderne stukken van Bernard Shaw en in de revues met betekenisvolle titels als *Zwei Krawatten*.

Op een avond zit de beroemde filmregisseur Josef von Sternberg in de zaal. Von Sternberg is op zoek naar een actrice voor de hoofdrol in zijn komende film, *Der Blauwe Engel*. Als een van zijn assistenten hem foto's van Dietrich laat zien, antwoordt Josef von Sternberg: *Der Popo is nicht schlecht, aber brauchen wir nicht auch ein Gesicht.* (Het kontje mag er best zijn, maar wij hebben ook nog een gezicht nodig.)

Der Blauwe Engel is gebaseerd op de bestseller *Professor Unrat* van Heinrich Mann, de oudere broer van de grote Thomas Mann. Het is het verhaal van een verstrooide, wat onderkomen professor die verliefd wordt op Lola, de zwoele zangeres van een louche nachtclub. De rol van de professor wordt vertolkt door de beroemde Duitse acteur Emil Jannings en Marlene Dietrich krijgt haar eerste rol als femme fatale.

De Blauwe Engel

Aanvankelijk zien de studiobazen Marlene Dietrich niet zitten. Maar Von Sternberg houdt voet bij stuk: niet alleen krijgt ze de rol, hij kan voor haar ook de hoge gage van vijfduizend dollar afdwingen.

De Blauwe Engel is de eerste Duitse sprekende film en de producers zien het groot. Er worden tegelijkertijd twee versies gedraaid, een Duitse en een Engelse.

Josef von Sternberg is een geniale regisseur, een meester van het licht. Zijn medewerkers noemen hem 'de Leonardo van de camera'. Hijzelf zegt dat hij wil filmen zoals Rembrandt schilderde. Niet meer, niet minder.

Van zijn hoerige Lola heeft hij een heel duidelijk beeld: tegen Dietrich zegt hij dat ze er vooraan moet uitzien als een gravure van Félicien Rops en aan de achterkant als een tekening van Toulouse Lautrec.

Marlene heeft het meteen begrepen en ze stelt zelf haar geile outfit samen: een hoge hoed in witte zijde, een opgeschorte rok, een onderbroekje met veel frullen en jarretelles om haar witte dijen nog wat meer te accentueren. Dietrich gaat helemaal op in haar rol en soms moet Von Sternberg haar tegenhouden opdat ze niet te ver zou gaan. Wanneer ze bij het zingen van 'Ich bin von Kopf bis Fuss' haar benen kruist op dezelfde manier waarop Sharon Stone het haar in Paul Verhoevens *Basic Instinct* jaren later zal nadoen, roept de regisseur *Don't behave like a swine*. Jammer genoeg verdwijnt de pikante scène bij de montage.

De film is een triomf en Josef von Sternberg wordt uitgenodigd om in Hollywood te gaan filmen.

Hollywood

Marlene Dietrich volgt Von Sternberg. Op 9 april 1930 komt ze aan in New York en reist verder naar Hollywood, waar hij haar opwacht.

Haar eerste Amerikaanse film is *Morocco* met steracteur Gary Cooper. Dietrich schrijft haar man, die in Berlijn gebleven is: 'Cooper is een knappe man, maar zijn vriendin heeft gezworen dat ze mijn ogen zou uittrekken als ik te dicht in zijn buurt kom.'

De volgende film, *Agent X 27*, is vrij geïnspireerd op het leven van Mata Hari, die opgepakt wordt voor haar spionageactiviteiten en uiteindelijk gefusilleerd wordt op de binnenkoer van het kasteel van Vincennes. Dietrich en Von Sternberg hebben er een onvergetelijke scène van gemaakt: de jonge officier die Dietrich naar het vuurpeloton moet brengen, is smoorverliefd op haar. Hij toont haar een zwart stuk stof. 'Staat u mij toe dat ik u blinddoek?' vraagt de verlegen soldaat met de krop in de keel. Dietrich neemt de lap uit zijn handen en veegt de tranen af die over zijn wangen rollen. Ze stift haar lippen rood, krijgt de genadekogel en sterft met een extatische glimlach op haar gezicht.

De film is een triomf en Dietrich wordt een superster. Haar filmmaatschappij Paramount laat haar benen voor één miljoen dollar verzekeren.

Marlene gaat haar zesjarige dochtertje in Berlijn halen om met haar in Hollywood te leven. Ze beleeft er een heerlijke romance met de Franse zanger-acteur Maurice Chevalier.

De breuk met Von Sternberg

De samenwerking tussen Von Sternberg en Marlene Dietrich is een van de mooiste en vruchtbaarste in de filmgeschiedenis. Zelden hebben een actrice en een regisseur elkaar zo goed aangevoeld.

Samen maken ze nog de filmklassiekers als *Blonde Venus* en *Shangai Express* met de onvergetelijke oneliner *It took more than one man to change my name to Shangai Lily*. Al die films zijn stuk voor stuk kaskrakers en cinematografische meesterwerken die nog altijd in de top tien van de cinefielen staan.

Toch komt er aan die wondermooie samenwerking een einde als Josef von Sternberg voelt dat hij alles uit Dietrich gehaald heeft wat hij kon. Hij raadt haar aan eens met een andere regisseur te werken. Hun laatste samenwerking is *La femme et le Pantin* (= hansworst), naar de erotische roman van de Franse auteur Pierre Louys.

Oorlog

Op 30 januari 1933 komt Hitler aan de macht. *De Blauwe Engel* wordt verboden en op 10 mei volgt in Berlijn de grote boekverbranding, waar naast de vele meesterwerken uit de wereldliteratuur ook de romans van de gebroeders Mann in de vlammen opgaan. Marlene Dietrich reist nog snel naar Duitsland om haar man en zijn maîtresse naar Amerika te halen.

Joseph Goebbels interpreteert haar breuk met Von Sternberg als volgt: 'Bravo voor Marlene Dietrich, die eindelijk de jood Josef von Sternberg de bons heeft gegeven. Hij liet haar altijd de rol van hoeren en sletten spelen, maar nooit personages die de grote vertegenwoordigster van het Derde Rijk waard zijn. Het is de hoogste tijd dat Marlene een belangrijke rol gaat spelen in de Duitse filmindustrie en zich niet langer laat manipuleren door de joodse lobby van Hollywood.'

Dietrich wordt benaderd om films te draaien voor het naziregime. Ze deelt fijntjes mee dat ze dat wel wil, maar op voorwaarde dat Josef von Sternberg haar regisseur zal zijn. Zij weet immers maar al te goed dat vanwege Sternbergs joodse afkomst het antwoord 'neen' zal zijn.

Op de terugtocht aan boord van de Ile de France ontmoet ze Ernest Hemingway, wiens roman *Farewell to the Arms* net verfilmd is met Gary Cooper in de hoofdrol. Die ontmoeting met Hemingway is het begin van een levenslange vriendschap. 'Hij was mijn rots van Gibraltar. Ik heb hem platonisch liefgehad', schrijft Marlene Dietrich in haar memoires. Zij noemt hem 'Papa' en Hemingway noemt haar 'Kraut'.

Erich Maria Remarque

Marlene Dietrich draait nog verschillende films, maar voorlopig is er niet één die kan tippen aan de films uit haar periode met de geniale Josef von Sternberg.

In juni 1937 verblijft Marlene in Venetië, waar ze de schrijver Erich Maria Remarque ontmoet. Remarque is een gevierd auteur en heeft net zijn bestseller *Im Westen nichts neues* gepubliceerd. Tussen de populaire actrice en de gevierde schrijver is het meteen grote liefde. Na een hele avond handjes vasthouden bekent Remarque aan Dietrich dat hij impotent is. 'O, maar dat is helemaal niet erg', antwoordt Dietrich, 'voor mij is dat een hele opluchting, want ik heb er een echte hekel aan, om "het" te doen.'

Dietrich, die op het witte doek de harten in vuur en vlam zet, is in het dagelijkse leven erg preuts. In haar autobiografie schrijft ze onder meer: 'Ik heb een hekel aan schrijvers die absoluut hun liefdesleven willen vertellen. Dat voortdurende op en neer gaan van de fallus. Ik haat pornografie.' Wanneer het beruchte Kinsey-rapport over het seksleven van de Amerikanen verschijnt, is zij geschandaliseerd: 'Seks, seks en nog eens seks. En daar geven zij hun geld aan!'

Terug naar New York

Marlene Dietrich keert terug naar New York, waar een achterstallige schuldenlast van 140.000 dollar op haar wacht. Ze moet haar unieke collectie diamanten als borg geven. Ze draait nog enkele minderwaardige films, routineklussen voor het geld. De hele filmindustrie wordt trouwens overschaduwd door het verpletterende succes van de kaskraker *Gone with the Wind*.

In Europa woedt de Tweede Wereldoorlog en Dietrich ontfermt zich over het lot van de Franse vluchtelingen die in de Verenigde Staten verblijven. Marlene is beroemd voor haar stoofpotten en onder haar vaste gasten bevinden zich de fauvistische schilder Maurice Vlaminck en de acteur Jean Gabin, op wie ze smoorverliefd wordt. Ze doet alles opdat hij, de echte Parisien van 'Paname', zich thuis zou voelen onder de hete zon van Californië: Marlene de 'vamp' gaat op zoek naar Franse kazen en wijnen, maakt slakken klaar en kleedt zich als een Parijse straatjongen. 'Ik was zijn moeder, zijn zuster, zijn vriendin... en nog veel meer', schrijft ze in haar memoires.

Onder de wapens

Wanneer Gabin in dienst gaat bij de Forces Libres Françaises om zijn vaderland te verdedigen, neemt Dietrich dienst in het Amerikaanse leger. Bij hun afscheid zweren ze elkaar eeuwige trouw en door een waanzinnige speling van het lot zien ze elkaar terug bij de slag van Bastogne in 1944. Dietrich draagt het uniform van kapitein en 's avonds zingt ze, enkel begeleid door een accordeonist, maar in complete glitteroutfit, haar nostalgische en schalkse songs. Elke avond is 'Lili Marlene' het grote succesnummer.

Ze treedt ook op met Orson Welles, als partner voor zijn vermaarde goocheltrucs. Wanneer Welles later Marlene vervangt door zijn geliefde, de bloedmooie Rita Hayworth, kan ze niet begrijpen dat 'zo'n intelligente man valt voor een vulgaire cabaretzangeres'.

In 1947 ontvangt Marlene Dietrich van de Amerikaanse regering de hoogste nationale onderscheiding, namelijk de Medaille van de Vrijheid. Ze is de eerste vrouw die deze onderscheiding in ontvangst mag nemen.

Kleine en grote films

Om haar liefde met Gabin te bezegelen wil ze ook een film met hem draaien in Parijs. De film heet *Martin Roumagnac* en is, ondanks de présence van het mythische koppel, een van de grootste flops uit de geschiedenis van de Franse cinema.

Jean Gabin schuimt met zijn geliefde Marlene het Parijse nachtleven af en stelt haar voor aan zijn goede vriendin, Edith Piaf. De chique Germaanse valt voor de charme van de Parijse straatmus.

Marlene draait nog een paar prachtige films zoals de film noir *A touch of Evil* van en met Orson Welles (‘*He was some kind of a man*’), de thriller *Stage Fright* van Alfred Hitchcock en het aangrijpende *Witness for the Prosecution*, van Billy Wilder naar het toneelstuk van Agatha Christie.

Tour de chant

Marlene Dietrich heeft al snel begrepen dat er voor haar meer geld te rapen valt met haar optredens dan met haar films. Ze beseft maar al te goed dat sinds Sternberg haar verlaten heeft, ze nooit meer de filmdiva van weleer zal zijn. Op het podium kan ze nog echt de icoon van de femme fatale spelen. Financieel zijn de gages niet te versmaden: in 1953 krijgt ze voor een optreden in Las Vegas dertigduizend dollar per week. De achtenvijftigjarige Marlene laat een scènejurk maken van duizenden dollars, elke parel is er met de hand opgenaaid en moet de illusie van het sublieme lichaam van weleer wekken.

In 1959 ontmoet ze de talentvolle componist Burt Bacharach, die dertig jaar jonger dan zij is. Bacharach is een leerling van de Franse componist Darius Milhaud en hij heeft voor Dionne Warwick de wereldhit ‘Don’t make me over’ geschreven. De knappe Burt wordt Marlenes vaste dirigent, arrangeur en minnaar. Hij is haar muzikale mentor, zoals Von Sternberg dat voor haar filmcarrière was.

Marlene Dietrich blijft optreden tot ze diep in de zeventig is. Als ze in Londen optreedt, wil ze pas na lang aandringen van haar tourpromotor op de foto met de Beatles. Ze vindt het langharige viertal afschuwelijk. ‘Het zijn primaten’, zegt ze.

Voor elk optreden drinkt ze een halve fles champagne en neemt ze een paar stevige slokken whisky.

In Sidney, op 29 september 1975, valt Marlene Dietrich in de orkestbak bij de laatste groet en breekt ze haar rechterdijbeen. Een meer dan pijnlijke val voor een diva die vierenzeventig jaar oud is.

Götterdämmerung

Marlene Dietrich valt ook regelmatig in haar appartement in Parijs, gewoon omdat ze te ijdel is om een bril te dragen. Wij schrijven 1979, zij is 78 jaar oud en heeft nog 13 jaar te gaan.

De grote Marlene leeft helemaal alleen in een eenzaamheid die ze zelf gekozen heeft, maar die ze tegelijkertijd ‘ondraaglijk’ noemt. Omdat ze voortdurend botst en valt, brengt ze het grootste deel van haar tijd in bed door. Ze wil niet dat een verpleegster haar komt verzorgen. Ze heeft een gezelschapsdame en haar dochter Maria komt haar af en toe verzorgen. Maria schrijft in het boek over haar moeder dat haar mooie benen verlamd zijn en dat het lichaam van Marlene doet denken aan de slachtoffers van een concentratiekamp. Marlene onderhoudt een hofhouding van louche bewonderaars die haar tegen woekerprijzen alcohol en drugs bezorgen.

In 1982 staat ze een laatste interview toe aan de Duitse regisseur Maximiliaan Schell, maar ze weigert zich te laten filmen.

Marlene Dietrich zegt dat ze walgt van *Der blaue Engel* en dat 'Falling in Love Again' een hoogst belachelijke song is. Verder verwijt ze de interviewer dat hij geen goede manieren heeft en dat hij een kruisteken moet maken vooraleer hij de naam van Orson Welles uitspreekt. Ze maakt een verwarde, hautaine indruk, zingt kinderliedjes en barst in tranen uit.

Ze heeft ook nog een klein rolletje, samen met David Bowie, in de film *Just a Gigolo* van David Hemmings. Het is een pijnlijke vertoning en haar oneliner *How ugly can you get* is een onvergetelijk moment van zelfdestructie. Marlene Dietrich zelf ziet al haar vrienden en trawanten van weleer heengaan: Edith Piaf, Ernest Hemingway, Jean Cocteau, Jean Gabin, Erich Maria Remarque en Josef von Sternberg.

Haar dochter beschrijft haar, niet zonder enig leedvermaak, als volgt: 'Zij heeft een huid van perkament. Zij ruikt naar alcohol en urine. Haar lakens zijn vol drek. Maar ondanks al dit verval straalt zij de schoonheid van de vergane glorie uit.'

Marlene Dietrich sterft op 10 mei 1991, op negentigjarige leeftijd. Haar begrafenis in de Parijse Eglise de la Madeleine wordt bijgewoond door vijfduizend bewonderaars en op haar kist prijken de Franse en Amerikaanse vlag. De kist wordt overgevlogen naar Berlijn en bijgezet op het kerkhof van Schöneberg, de buurt van haar kinderjaren.

Bibliografie

DIETRICH, M., *Marlene D.*, Grasset, 1984.
PAVANS, J., *Marlene Dietrich*, Gallimard, 2007.
RIVA, M., *Marlene Dietrich*, Alfred A. Knopf, 1992.

Nina Simone

(1933-2003)

Zwart, arm en talentvol

Nina Simone ziet het leven als Eunice Waymon op 21 februari 1933 in Tyron (North Carolina) in een arm, gelovig gezin. Nina is het zesde kind van diaken John Nivine Waymon en van zijn vrouw, predikant Mary Kate Waymon. Amper twee jaar oud speelt de peuter al op het harmonium van de familie kerkliederen na. 'Mijn moeder heeft me verteld dat ik als baby meteen begon te neuriën als ik op de radio een reclame hoorde, de muziek zat in mij', zal Nina Simone in haar autobiografie schrijven.

Al snel krijgt Eunice de bijnaam 'het wonderkind', een teken van Gods wil. Als ze vijf jaar oud is, wordt de kleine Eunice officieel aangesteld als pianiste van de methodistische kerk van Tyron. Hier komt alles samen: muziek, religie, mystiek en groepservaring. Als kind luistert Eunice met open mond naar haar moeder, die tijdens de kerkdienst de geschiedenis van het zwarte volk vertelt: het verzet tegen de onderdrukking van de blanken. Hoewel het Eunice uitdrukkelijk verboden is ook maar iets anders dan kerkliederen te spelen, leert zij, geholpen door haar vader, stiekem lichtere nummers en populaire deuntjes.

Een zekere mevrouw Miller is een vriendelijke dame die elke zondag naar Eunice komt luisteren. Ze vertelt de ouders van Eunice dat het een schande zou zijn dat een meisje met zoveel talent geen les krijgt in klassieke muziek. Mevrouw Miller biedt aan om het eerste jaar de lessen van Eunice te betalen en als ze aanzienlijke vorderingen zou maken, zou zij wel voor een verdere oplossing zorgen.

Bach, Mozart, Liszt en de anderen

Bij haar pianolerares Muriel Massinovitch – door Eunice Mazzy genoemd – ontdekt Eunice een raffinement waarvan ze het bestaan nooit heeft vermoed. Tijdens haar lessen leert Eunice de hele algebra van de klassieke muziek en is ze verbazend snel vertrouwd met Mozart, Liszt en Bach. Via Bach herkent Eunice een emotie die haar ervaringen in de kerk haar al hadden ingefluisterd, namelijk een gevoel dat boven de muziek uitstijgt: 'Dankzij Bach heb ik mijn leven aan de muziek gewijd.' Als kind ervaart Nina de schok van twee contrasterende werelden: de rigueur van Bach en de bekoring van de gospel, de zuiverheid en de mystiek, de discipline en de traditie.

Tussen haar zesde en haar tiende jaar studeert Eunice Waymon drie uur per dag. In het contact met haar lerares leert Eunice ook wat tederheid betekent en langzamerhand wordt Mazzy haar blanke moeder. Mazzy richt het Eunice Waymonfonds op en er wordt afgesproken dat de jonge pianiste regelmatig recitals zal geven zodat haar donateurs zelf kunnen constateren dat hun financiële bijdrage goed besteed is.

Het eerste concert

Eunice heeft net haar tiende verjaardag gevierd, als haar gevraagd wordt om in het gemeentehuis een concert te geven voor de notabelen van het dorp. Gekleed in een jurk van witte mousseline doet ze haar intrede in het gemeentehuis, de zetel van de blanke macht. Eunice voelt dat alle ogen op haar gericht zijn. De laatste maanden heeft ze zich helemaal op dit moment voorbereid. Ze is kalm, tot ze ineens enige beroering onder het publiek bemerkt: een blank echtpaar vraagt haar ouders hun plaatsen op de eerste rij af te staan. Eunice ziet het vertrokken gezicht van haar vader en de berusting van haar moeder. Het kind staat op, protesteert en verklaart dat ze niet zal spelen als haar ouders niet op hun plaats mogen zitten. 'Opeens zag ik de wereld in een ander daglicht en niets was meer simpel.' Voor Eunice is dat de eerste confrontatie met racisme en haar eerste optreden is tevens haar eerste daad van verzet tegen rassendiscriminatie.

De eerste zwarte concertpianiste

In september 1945 gaat de twaalfjarige Eunice Waymon naar de Allen High School. Ze staat iedere dag om vier uur 's ochtends op om tot acht uur piano te studeren. Vijf jaar later slaagt Eunice met de beste cijfers van het jaar en ze wil naar New York, naar de prestigieuze Juilliard School. Hier kunnen elke zomer studenten zich gedurende zes weken voorbereiden op het toelatingsexamen van een hoger conservatorium naar keuze. Voor Eunice is dat het Curtis Institute. Ze werkt zeven uur per dag, maar slaagt niet in het toelatingsexamen – ze zal daar nooit overheen komen. Temeer daar haar broer Carrol haar met het virus van de achterdocht besmet: 'Eunice, zou het niet kunnen dat je vanwege je huidskleur bent afgewezen?' In haar memoires schrijft ze: 'Niemand had mij ooit verteld dat mijn huidskleur altijd verschil zou uitmaken, wat ik ook zou ondernemen in het leven. Die harde les heeft het Curtis Institute mij geleerd.' De afwijzing van het Curtis brengt haar ware aard naar boven: die van een strijdlustige vrouw die de muziek als wapen zal gebruiken.

Gelukkig zit er nog wat geld in het fonds dat voor haar is opgericht, voldoende om zich een paar weken in te schrijven voor de lessen van Vladimir Sokhaloff, een beroemde pianoleraar die aan het Curtis haar leermeester geweest zou zijn. Eunice is 18 jaar oud en dankzij Sokhaloff hervindt ze het zelfvertrouwen dat ze nodig heeft om zich ervan te overtuigen dat zij de eerste zwarte concertpianiste zou worden, wat er ook moge gebeuren.

Nina Simone

Eunice vindt een baantje als begeleidster bij een zanglerares. Als ze echter hoort dat in de bars van Atlantic City de pianisten gemakkelijk negentig dollar per week verdienen, besluit ze haar kans te wagen in de Midtown Bar & Grill.

Juni 1954, de eenentwintigjarige Eunice Waymon heeft er geen besef van hoezeer ze zou veranderen door op het podium van een verlopen tent op te treden: 'Ik was pianiste, ik ben alleen zangeres geworden omdat ik geld moest verdienen. Ik was voorbestemd om concertpianiste te worden, maar ik moest een baantje in een nachtclub aannemen.'

Nina Simone wordt geboren in een vochtige kroeg in New Jersey, met een houten vloer, bestrooid met zaagsel om de drank te absorberen die er gemorst wordt. Maar dit publiek zit helemaal niet op klassieke muziek te wachten! De pianiste combineert klassieke werken, verwijst naar Bach, citeert kerkliederen en bestrooit het geheel met gospelmuziek en populaire deuntjes. Tijdens de pauze waarschuwt de barman haar: 'Een aantal klanten heeft zich beklaagd over jou. Je moet zingen. Als je niet zingt, vlieg je eruit!' En zo wordt Eunice Waymon Nina Simone, een pseudoniem dat in de loop der jaren haar doopnaam zal overvleugelen. Binnen de kortste tijd verandert de gore tent in een hippe club voor muziekliefhebbers die vallen voor Nina's inventieve cocktail van klassiek, pop, gospel en jazz.

Gedurende het hele jaar 1956 verdeelt Eunice/Nina haar tijd tussen de lessen bij Vladimir Sokhaloff en haar optredens in de clubs. In de winter kan ze haar eerste grammofoonplaat opnemen voor Bethlehem Records. Het album bestaat voornamelijk uit de covers die ze tijdens haar optredens brengt: 'I Loves You Porgy', 'For All We Know' en 'You'll Never Walk Alone'. Na de opnamen krijgt Nina Simone een cheque van drieduizend dollar. Ze neemt een taxi, gaat naar huis en slaapt twaalf uur aan een stuk. Als ze weer wakker is, speelt ze drie dagen lang Beethoven om zich te zuiveren van die ene dag waarop ze variétémuziek heeft opgenomen.

Een nieuw geluid op de muziekscene

Inmiddels heeft Nina Simone kennisgemaakt met een zekere Jerry Fields, die een aantal optredens in New Yorkse clubs voor haar regelt. Hij legt de aanbiedingen voor aan Nina, die ze allemaal accepteert uit angst dat de geldstroom zal opdrogen. Zij wil zich binnenwerken in de clubs van New York City om zich daarna opnieuw in te schrijven aan de Juilliard School. Nina Simone krijgt voortdurend te horen dat ze met haar schoonheid en haar stijl een ster zal worden aan het firmament van de popmuziek. Maar voor Nina is al dit variétégedoe slechts tijdelijk, want haar doel staat vast: 'Klassieke muziek of niets'. Maar die belofte kan niet verhinderen dat in 1959 de carrière van Nina Simone echt op gang komt. Promotors en publiek zijn dol op de zwarte pianiste. Ze wordt bedolven onder de goede kritieken op haar stijl en de keuze van haar repertoire, dat neigt naar folk, klassiek en Broadwaymelodieën. Iedereen aanbidt deze vrouw, niet één zangeres heeft dat dierlijke, dat onvoorspelbare temperament van Nina Simone.

Op 12 september 1959 treedt ze op in de New Yorkse Town Hall, een zaal die gewijd is aan klassieke muziek en het betere lichtere genre. De critici zijn unaniem dat het lang geleden is dat ze een jonge artieste met zoveel vuur zagen.

En dan zal alles heel snel veranderen, Nina's leven komt terecht in een draaikolk van tournees, contracten en plaatopnamen. Het geld stroomt binnen en op haar zevenentwintigste koopt Nina Simone op 103rd Street een gemeubeld appartement met zes kamers met uitzicht op Central Park. Hoewel ze geen rijbewijs heeft, koopt ze een metaalachtige grijze Mercedes cabriolet met een rode lederen bekleding en bijpassende tassen en hoed. Nu kan ze kiezen welke richting haar leven verder zal opgaan. Teruggaan naar Juilliard School of profiteren van haar succes en genieten van een luxeleven?

In juni 1960 speelt Nina Simone op het prestigieuze Newport Jazz Festival, waar jazzgrootheden als Max Roach en Charles Mingus eveneens op de affiche staan. Het concert is een ware triomf en er volgt een uitputtende zomertournee.

Van Harlem naar Greenwich Village

Na één van haar optredens ontmoet Nina een zekere Andrew Stroud, die haar uitnodigt om nog een glas te drinken in Harlem, de zware buurt van pooiers, hoeren, politie, lawaai, seks en geweld. Nina weet het nog niet, maar in Harlem, dat hij kent als zijn broekzak, is Andrew Stroud een bekende figuur voor wie zelfs de bendeleiders bang zijn. Andrew Stroud is immers politieman en al veertien jaar inspecteur in Harlem. Er doen allerlei geruchten de ronde over zijn 'methoden': sommigen beweren dat hij ooit een vent van het dak heeft gegooid en dat hij voor wat smeergeld een oogje dichtknijpt.

Andrew heeft drie huwelijken achter de rug, hij weet maar al te goed hoe hij de jonge Nina moet manipuleren. Hij wordt haar aanbidder, minnaar, ridder en vertrouweling, maar bovenal luistert Andrew naar Nina zoals er nog nooit een man naar haar geluisterd heeft. Nina is verliefd en ze wil optreden in het district van haar verloofde, het Apollotheater, de mythische zaal van de *black music*. Wanneer Nina Simone het podium beklimt, lijkt het wel alsof er een boksmatch losbarst. Om een onverklaarbare reden is het publiek heel rumoerig, drie elegante dames staan op, werpen wat muntstukjes voor de voeten van de pianiste en gaan weg zonder haar nog een blik te gunnen. Na het optreden krijgt Nina een zenuwinzinking, Andrew neemt haar in zijn armen en fluistert dat ze fantastisch was. Maar Nina voelt zich vernederd en zal nooit meer in het Apollotheater optreden.

De Village Gate, de belangrijkste club van New York, ontvangt Nina met open armen. De namen van de artiesten die er optreden liegen er niet om: Aretha Franklin, Miles Davis, Woody Allen, John Coltrane en Jacques Brel. Norman Mailer geeft hier lezingen en de jonge Bob Dylan, die in 1962 een tijdelijk toevluchtsoord had gevonden in een van de kelders van de club, componeert er 'A Hard Rain's A-Gonna Fall'. De baas van de Village Gate getuigt: 'Als Nina bij ons speelde, was de sfeer altijd zinderend, opwindend. Je wist nooit wat ze zou doen. Ze begint met Bach, om daarna over te gaan op de meest inventieve arrangementen. Ze kan het publiek opzwepen zoals niemand anders dat kan. Dat is de reden waarom ik haar heb aangehouden, want het was geen gemakkelijke tante. Zij was iedere avond veel te laat en begon het eerste concert op het tijdstip dat het tweede had moeten aanvangen.'

Nina en Andrew verloven zich in augustus 1961 en vieren hun verloving in een kleine club in Harlem. Het feest is nog maar net begonnen of Andrew wordt neerslachtig. De man die doorgaans geen druppel drinkt, gaat zich te buiten aan witte rum. Thuisgekomen ranselt hij Nina af en verkracht haar. Nina vlucht weg en houdt zich twee weken lang schuil bij een vriendin. Als goede politieman kan Andrew haar terugvinden en hij belooft Nina naar een psychiater te gaan om een verklaring te vinden voor zijn onbegrijpelijk gedrag. Op 4 december 1961 treden Andrew Stroud en Nina Simone met elkaar in het huwelijk.

I'm black and I'm proud

Twee weken na haar trouwfeest gaat Nina Simone samen met de zwarte schrijver en activist James Baldwin op uitnodiging van de ASAC (American Society of African Culture) naar Lagos in Nigeria voor de tweede editie van het Festival of Pacific Arts and Cultures. Eerder hadden James Baldwin en de zwarte dichter LeRoi Jones Nina ingewijd in de pan-Afrikaanse traditie. Nina ziet de leugens van de Kerk en de bedrieglijke retoriek van de blanken een voor een uit elkaar spatten. Binnen de kortste tijd is Nina Simone op de hoogte van al het geweld en bedrog waar Amerika zich schuldig aan maakt, van de wandaden die dit land begaan heeft om zijn zwarte bevolking eeuwenlang met geweld te onderdrukken. Uitverkoren door enkele zwarte intellectuelen wordt Nina het boegbeeld van de zwarte bevrijdingsbeweging.

In januari 1961 wordt de wens van Nina Simone verhoord: ze is zwanger. Het echtpaar is dolgelukkig, temeer daar Andrew zijn baan als politieman heeft opgegeven om Nina's manager te worden. Op 12 september 1962 schenkt Nina het leven aan een dochtertje: Lisa Celeste.

Na een korte rustperiode herbeginnen de optredens. Andrew wil geld verdienen met Nina, veel geld. Nina is in alles afhankelijk van Andrew: hij is degene die in haar plaats de contracten tekent, die de cheques en de auteursrechten int. Nina heeft geen idee hoe groot haar kapitaal is en als ze geld nodig heeft, moet ze dat aan haar manager-echtgenoot vragen.

Op 15 september 1963, zeer tegen de zin van Andrew, die niet wil dat ze zich met politiek bemoeit, stort Nina Simone zich met hart en ziel in de strijd voor de burgerrechten van de zwarten. Op een dag zit ze aan de piano en komt er ineens een lied in haar op. Binnen het uur componeert Nina Simone haar eerste protestsong: 'Mississippi Goddam', een hevige aanklacht tegen de rassenrellen. 'Dat kwam sneller bij mij op dan ik het kon schrijven.' Afgezien van enkele zeldzame uitzonderingen zal Nina tijdens haar carrière alleen nog protestsongs schrijven. In de zuidelijke staten wordt 'Mississippi Goddam' geboycot en de platenhandelaren in South Carolina sturen hun voorraad terug, nadat ze alle singles eerst zorgvuldig in twee hebben gebroken.

Nina is met één song gelanceerd als bezielster van een hele generatie zwarte activisten. Terwijl ze in de tijd vóór 'Mississippi Goddam' een zangeres was die zich onderwierp aan de planning van haar manager-echtgenoot, staat haar leven ineens helemaal in het teken van de muziek én van de politiek. Voortaan is Nina Simone de woedende, harde vrouw die aan de pers verklaart: 'Het eerste wat ik 's ochtends in de badkamerspiegel zie, is mijn zwarte gezicht. Ik ben een zwarte in een land waar je enkel om die reden vermoord kan worden.' Als Nina bevriend wordt met Miriam Makeba, de Zuid-Afrikaanse zangeres die in Amerika in ballingschap leeft, is dat voor de CIA reden genoeg om haar in het oog te houden.

The High Priestess of Soul

Begin 1964 tekent Nina Simone bij het Nederlandse platenlabel Philips en wordt ze bevriend met de grote baas, Wilhelm Langenberg. In tegenstelling tot Andrew begrijpt 'Big Willy' de kwellingen van 'zijn' artieste. In de periode van april 1964 tot augustus 1965 neemt Nina Simone voor Philips enkele mythische albums op die haar naar de grote internationale podia zullen voeren. Ze bereikt het hoogtepunt van haar kunst: subtiel, arrogant, betoverend, heftig en mystiek. Nina Simone is op het toppunt van haar kunnen; als ze optreedt, gaat er iets spiritueels van haar uit, alsof ze in een staat van gratie verkeert. Niet voor niets wordt ze 'The High Priestess of Soul' genoemd. Maar er is ook een donkere kant aan het succes: de diva is onderhevig aan felle gemoedswisselingen, crisissen die van een diep stilzwijgen overslaan in een oorverdovende driftaanval. Nina's karakteriële buien zijn een geheim dat door haar intimi zorgvuldig bewaard wordt. Men kan niet toestaan dat Nina Simone ernstig ziek is, er wordt gegoocheld met termen als depressiviteit en schizofrenie, maar niemand weet wat er eigenlijk aan de hand is. In de loop der jaren zullen die symptomen alsmaar sterker worden.

Op haar tweede Philipsalbum staat het meesterlijke 'I put a spell on you' van de blueszanger Screamin' Jay Hawkins en 'Ne me quitte pas' van de grote Jacques Brel: 'Ik was in New York, luisterde naar dit lied zonder ook maar iets van de tekst te begrijpen, maar telkens als Brel zei "Ne me quitte pas" begon ik te huilen. Ik leerde het lied met een docent fonetisch uit het hoofd en ik heb drie maanden geoefend voor ik het durfde te zingen.'

Het succes eist zijn tol: Nina gaat doodmoe naar bed en staat doodmoe op. Overdag is ze afwezig of reageert ze heftig, ze windt zich op over een kleinigheid om daarna weer in een diep stilzwijgen te verzinken. De aanvallen van depressie zullen tot het einde van de tournee aanhouden, maar dat is voor haar manager-echtgenoot Andrew nog altijd geen reden om een welverdiende rustpauze in te lassen. Nina is uitgeput, maar kan niet slapen en zoekt steeds meer troost in de drank. De woedeaanvallen van de diva worden alsmaar heftiger en Andrew bevindt zich in het middelpunt van de storm. Nina's driftbuien zouden te wijten zijn aan een medisch probleem dat een disbalans in haar hersenen veroorzaakt. De crises beginnen langzaam haar leven te vergiftigen. Alles wordt een heikel onderwerp, haar vermoeidheid, haar muziek en ook de kleur van haar huid. Na een laatste optreden op het Newportfestival gaat Nina helemaal door het lint. Ze propt wat kleren in een koffer, belt een taxi om haar naar de luchthaven te brengen en stapt op het eerste vliegtuig naar Barbados.

Bergafwaarts

Terug van haar lange vakantie accepteert Nina Simone in 1971 de uitnodiging om deel te nemen aan 'Free the Army', een tournee die Jane Fonda en Donald Sutherland organiseren als protest tegen de Amerikaanse inmenging in Vietnam. Nina gaat zich meer en meer als politieke activiste profileren en scheidt van Andrew Stroud, die helemaal geen heil ziet in haar vele benefietconcerten, die hem geen cent opleveren.

Met Nina's gezondheid en ook met haar optredens gaat het bergafwaarts. Ze mist de dictatoriale hand van haar echtgenoot. Alleen tweederangsmuzikanten willen met de onvoorspelbare zangeres optreden en de concertpromotors durven haar amper nog op de affiche te zetten.

Berooid en ten einde raad trekt Nina zich terug in het Zwitserse Nyon, vlak bij Genève. Op 3 juli 1976 treedt Nina op tijdens het Montreux Jazzfestival. Dat concert is legendarisch: het meest chaotische, extravagante en zinderende optreden dat het festival ooit meemaakte. Nina wekt de indruk krankzinnig te zijn, vanaf het moment dat ze het podium betreedt, is de angst voelbaar. Nina danst, scheldt het publiek uit, zingt een paar coupletten en begint dan over haar favoriete onderwerp: de oplichters die illegale platen van haar uitbrengen. Hoewel het optreden voortdurend slingert tussen virtuositeit en zelfdestructie, tussen waanzin en mateloosheid, geeft Nina die zomeravond een van haar beste recitals.

Na de memorabele avond in Montreux gaat het met Nina snel bergafwaarts. Ze treedt enkel nog op in kleine jazzclubs en om haar jongere publiek te behagen heeft ze songs van The Beatles en Bob Dylan op haar repertoire gezet. In die periode betreedt ze het podium in een grote leren jas die aan de Gestapo doet denken, kijkt het publiek minachtend aan, gaat achter haar piano zitten en laat, terwijl ze een paar arpeggio's speelt, haar jas open glijden. Daarna staat ze op en doet de jas uit. Gekleed in hotpants staart de veertigjarige vrouw, die flink is aangekomen, de zaal trots en uitdagend aan. Zodra Nina er zeker van is dat ze het beoogde effect bereikt heeft en je een speld kunt horen vallen, zet ze zich weer aan het werk zonder het verbijsterde publiek nog een blik waardig te gunnen.

Het einde

In de herfst van 1984 treedt Nina Simone op in een van de tempels van de jazz: de Ronie Scott's in Londen, de legendarische plek waar in de jaren 1960 Miles Davis en Charlie Parker speelden. Het livealbum is een van de beste liveregistraties van Nina's virtuositeit.

Wanneer in 1987 Chanel haar interpretatie van 'My baby just cares for me' uitkiest voor een internationale promotiecampagne voor het wereldberoemde Chanel N° 5, belandt de song in de top tien en de carrière van Nina Simone kan herbeginnen. 'Nina Simone. The African Queen is back', schrijven de krantenkoppen.

Met haar gezondheid gaat het niet beter, maar financieel is Nina er weer bovenop en ze koopt een huis bij Aix-en-Provence. Daar is ze voor de inwoners de 'gekke Amerikaanse die te veel drinkt en die, als ze het niet meer ziet zitten, met een pistool in de lucht schiet'. Bij haar optredens is het elke avond hetzelfde circus van grillen, woedaanvallen, verwarde scènes en choquerende kledij.

Paradoxaal genoeg krijgt Nina in de laatste jaren van haar carrière eerbetuigingen en onderscheidingen. Zo is ze op 19 juli 1998 te gast op het gala in Johannesburg ter ere van de tachtigste verjaardag van Nelson Mandela. Ze deelt de affiche met Stevie Wonder, Quincy Jones en Michael Jackson.

Haar laatste levensjaren brengt ze als een kluizenaar door in haar villa in het Zuiden van Frankrijk. Op 11 augustus 2000 doet Nina Simone nog een gedenkwaardig optreden tijdens het jazzfestival van Marciac, waar ze met de nodige alcohol benoemd wordt tot Musketier van Armagnac (!). 's Anderendaags schrijft *Libération*: 'Nina Simone is de Billie Holiday van de moderne tijd geworden. Met haar vele dwaaltochten is ze toegetreden tot de rangen van de gebroken, verdoemde artiesten zoals Chet Baker en Charlie Parker.'

Een recensie die als een in memoriam gelezen kan worden. Haar laatste twee levensjaren is Nina Simone aan haar bed gekluisterd door een uitgezaaide kanker en een groeiende hersentumor die haar het spreken bemoeilijkt. Nina Simone overlijdt op 21 april 2003.

Bibliografie

BRUN-LAMBERT, D., *Nina Simone. Het tragische lot van een uitzonderlijke zangeres*, Sirene, 2006.

Peggy Guggenheim

(1898-1979)

Vrij nooit voor het ontbijt

Op 26 augustus 1898 wordt Marguerite (Peggy) Guggenheim geboren, dochter van Benjamin Guggenheim en Florette Seligman. Marguerite ziet het daglicht in een somptueuze suite van het chique Hotel Majestic aan de 69th Street, want het gezin Guggenheim kan zich de luxe permitteren op hotel te leven in New York – vader Guggenheim is namelijk een succesvol zakenman. Marguerite heeft al een zus, Benita genaamd, en later volgt er nog een tweede zusje, Hazel. Als kind heeft Marguerite al een grote neus en tijdens haar puberteitsjaren zal die nog geprononceerder worden.

De drie meisjes worden thuis onderwezen, maar vader Guggenheim kijkt nauwlettend toe op hun artistieke opvoeding. Hij neemt een zekere mevrouw Hartman aan en die neemt de meisjes mee op een hun eerste grote reizen naar Europa. Met mevrouw Hartman bezoeken ze het Louvre, het British Museum en het Vaticaans Museum. Niets kan de culturele honger van de jonge Amerikaanse meisjes stillen. Het liefst van al verblijven ze in de Franse lichtstad, waar ze zich echt als 'An American in Paris' voelen.

Vader Guggenheim heeft een extravagant en druk liefdesleven en soms brengt hij zijn minnaressen mee naar huis. Het motto van vader Guggenheim is: 'Vrij nooit voor het ontbijt. Ten eerste is het vermoeiend en ten tweede kun je gaandeweg de dag iemand tegenkomen die je leuker vindt.'

Peggy heeft al snel door dat er buiten haar moeder nog vele andere vrouwen in het leven van vader Guggenheim zijn.

De Titanic

Benjamin Guggenheim reist voor zaken, en ook voor vrouwen, naar Parijs. Een van zijn vele filialen heeft namelijk een offerte gemaakt om de lift in het noordelijke 'been' van de Eiffeltoren te vervangen en Benjamin vindt het absoluut nodig dat hij daar een oogje in het zeil gaat houden.

Na acht maanden van hard labeur en veel *gaîté Parisienne*, wil Benjamin terug naar New York om er de negende verjaardag van zijn dochtertje Peggy te vieren. In Cherbourg verneemt hij dat de stokers van zijn boot in staking zijn. Hem rest niets anders dan aan boord te gaan van de nieuwe boot van de White Star Line, de Titanic genoemd. Hij koopt ook een eersteklaskaartje voor zijn maîtresse Ninette, die absoluut New York wil leren kennen. Wanneer de luxueuze pakketboot een fatale botsing heeft met een verraderlijke ijsrots, proberen de passagiers en de bemanning in paniek te redden wat er te redden valt.

Ooggetuigen zullen later vertellen hoe Benjamin Guggenheim moedig helpt bij het instappen in de reddingsboten. Als het einde nabij is, verschijnt hij drie kwartier later in avondkledij op het dek om er als een gentleman te sterven. Ninette wordt gered en zodra ze in New York arriveert, sturen de broers van Benjamin haar met de eerste boot terug naar Parijs.

Peggy is zeer onder de indruk van de beschrijving van haar heldhaftige vader, in avondkledij, op dat zinkende schip.

Poor little rich girl

Na de dood van Benjamin verneemt moeder Guggenheim dat ze er financieel flink op achteruit gegaan is: manlief heeft in Parijs zo'n 8 miljoen dollar verbrast. Peggy heeft verdriet om haar vader en is ook zeer bang voor armoede. Ze kan niet meer slapen en krijgt de ene zenuwinzinking na de andere.

Maar het gaat allemaal veel beter als ze op eenentwintigjarige leeftijd, haar erfenis krijgt: 45.000 dollar. Peggy wil al lang een nieuwe neus en de hoge kosten – duizend dollar – zijn nu geen belemmering meer. In haar smeuïge autobiografie *Confessions of an Art Addict* schrijft ze: 'Hij was al lelijk, maar na de operatie is het alleen maar erger geworden, het is alsof er een aardappel in het midden van mijn gezicht staat.'

Een nichtje leert Peggy een bijzondere boekhandel kennen: de *Sunrise Turn*. Het is een unieke plek waar je zowel de boeken van James Joyce als Peruviaanse stoffen vindt. Peggy is gefascineerd door al wat nieuw is, ze verdiept zich in de avant-garde en ontdekt Cézanne en Picasso. In de galerie van de fotograaf Alfred Stieglitz ziet ze voor het eerst moderne kunst: een schilderij van de Amerikaanse schilderes Georgia O' Keeffe, waarin de grenzen van het abstracte naar het realisme verlegd worden.

De liefde

Eind 1920 reist Peggy Guggenheim naar Parijs. Ze ontmoet er een zekere Laurence Vail, een jonge toneelschrijver met een lange blonde haarbos, rode overhemden en blauwe canvas pantalons. Hij is alcoholist, verleidt zowel jongens als meisjes, schrijft, schildert en heeft als drinkebroers de beroemde schrijvers Ezra Pound en Ernest Hemingway. Laurence Vail leeft erg snel, maar Peggy zal hem de komende zeven jaar proberen bij te houden. Zijn bijnaam is 'prins der bohemiens'. Meestal is hij in het gezelschap van zijn zus Clotilde, met wie hij een buitengewoon hechte band heeft.

Peggy is drieëntwintig, ze vindt dat ze lang genoeg maagd geweest is en verleidt de dertigjarige bohemien. Over haar eerste liefdesnacht zegt ze droogjes: 'Laurence heeft het zwaar te verduren gehad omdat ik alles wilde uitproberen wat ik op de fresco's in Pompeji had gezien.' Hoe dan ook, een paar maanden later vraagt hij haar ten huwelijk op de bovenste verdieping van de Eiffeltoren. Het kersverse paar reist naar Rome en Capri, waar zuslief Clotilde zich bij hen voegt. Peggy komt er al vroeg achter dat Laurence last heeft van driftbuien en bijzonder veel aanleg heeft om stomdronken te worden. Dan is hij niet alleen gewelddadig, maar ook exhibitionistisch. Hij vindt het leuk ruzie met haar te maken in cafés. Op een avond gooit hij haar op de grond van de Boulevard de Strasbourg, waarna hij een biljet van honderd frank verbrandt. De politie is het met Peggy eens dat het haar zaak is dat haar man haar slaat, maar het verbranden van een biljet van honderd frank is een belediging tegen de Banque de France. De dronken Laurence vliegt voor een nachtje achter de tralies.

Echtscheiding en een nieuwe liefde

Ondanks de aanhoudende zuip- en vechtpartijen raakt Peggy zwanger en op 15 mei 1923 schenkt ze het leven aan Michael Cedric Sindbad Vail, een 'dikke en lelijke jongen', vindt ze. Het is meteen duidelijk dat de moederrol niet aan de vrijgevochten Peggy Guggenheim besteed is. Toch krijgt ze anderhalf jaar later nog een dochtertje, dat zij Pegeen noemt. Daarna breekt ze met de onnavolgbare Laurence Vail.

Maar niet getreurd, Peggy vindt opnieuw de liefde bij Douglas Garman. Ze houden zielsveel van elkaar, maar er is één groot struikelblok. Als overtuigde communist vindt Douglas dat Peggy er beter aan zou doen de revolutionaire Karl Marx te lezen in plaats van de decadente Marcel Proust. Verder staat hij er ook op dat ze als koppel alleen nog communisten, en dan bij voorkeur arbeiders, zouden uitnodigen. In Peggy's dure Hispano-wagen rijdt Garman het land rond om lezingen te houden en leden voor de partij te werven. Bovendien wil hij ook dat de schatrijke Peggy Guggenheim lid wordt van de communistische partij. In haar memoires schrijft ze: 'Het is alsof Garman en ik op spiritueel en cultureel vlak steeds verder uit elkaar aan het groeien zijn, al is het in bed nog altijd overweldigend.'

Hun levensstijlen zijn niet te verzoenen en Peggy en Garman gaan in alle vriendschap uit elkaar. Garman heeft inmiddels een vrouw uit de arbeidersklasse leren kennen, die zijn enthousiasme voor het communisme onvoorwaardelijk kan delen.

Oom Solomon

Peggy is bijna veertig jaar oud en ze beseft dat haar privéleven niet altijd fameus is geweest. Ze stelt zich allerlei vragen, maar van één ding is ze zeker en dat is dat ze heel graag in het gezelschap van creatieve geesten vertoeft. Ze beseft ineens dat ze met haar fortuin iets nuttigs zou kunnen doen.

Haar oom Solomon heeft halverwege de jaren 1920 een schitterende collectie van oude meesters aangelegd. Op reis in Europa heeft hij zijn collectie uitgebreid met de toonaangevende moderne schilders zoals Wassily Kandinsky, Paul Klee en Piet Mondriaan. Aanvankelijk was het de bedoeling van Solomon om zijn collectie te schenken aan het Metropolitan Museum, maar begin 1937 zit Solomon Guggenheim op plannen te broeden om een eigen museum te bouwen. Solomon kiest voor de controversiële maar geniale architect Frank Lloyd Wright, die op een unieke plek op Fifth Avenue, vlak bij Central Park, een adembenemend spiraalvormig gebouw zal bouwen.

Peggy is zeer geïnteresseerd in de abstracte kunst die haar oom verzamelt, maar vindt het spijtig dat er in zijn schitterende collectie geen plaats is voor het surrealisme. Die nieuwe iconoclastische strekking, waarin revolutie, droom en erotiek een grote rol spelen, choqueert Solomon Guggenheim en de Amerikaanse mecenas vindt de surrealisten te vulgair om ze te verzamelen.

Een nieuw leven

In de zomer van 1937 sterft haar moeder aan longkanker en dat betekent voor Peggy een heftige klap. Hoewel ze negenendertig jaar oud is, voelt ze zich helemaal verweesd.

Gelouterd door haar verdriet gaat Peggy Guggenheim haar ware roeping inzien: vanaf nu zal ze zich inzetten voor de moderne kunst, een collectie hedendaagse kunst aanleggen en onder de kunstenaars leven.

Om te beginnen neemt ze contact op met de Belgische surrealist Edouard Léon Théodore Mesens. Mesens is een verfijnde intellectueel, een zeer goede vriend van René Magritte, en hij heeft bovendien een toonaangevende galerie in Londen.

In Parijs bezoekt Peggy Guggenheim de duivelskunstenaar Jean Cocteau, die haar al opium snuivend in zijn slaapkamer ontvangt en meteen akkoord gaat voor een tentoonstelling in haar nieuwe galerie. Peggy is dolblij en op Nieuwjaar schrijft ze naar een vriendin: 'Ik ben in Parijs hard aan het werk en ik neuk me te pletter.'

Samuel Beckett

Op een diner ontmoet Peggy de Ierse schrijver Samuel Beckett, de grondlegger van het absurde theater. Beckett is een zwijgzame, introverte man die op dat ogenblik zijn leven verdeelt tussen zijn twee grote passies: James Joyce en Marcel Proust.

Na de maaltijd vraagt Beckett haar onomwonden of hij haar naar huis mag brengen. Als ze op haar appartement aangekomen zijn, verzoekt Beckett haar naast hem op de sofa te komen liggen. Ze blijven tot etenstijd de volgende dag in bed en wanneer Peggy zegt dat ze zin in champagne heeft, rent Beckett meteen naar buiten en komt buiten adem terug met twee flessen Dom Pérignon. Ze klinken en als de flessen leeg zijn, is Peggy Guggenheim zeer teleurgesteld als Beckett haar bij zijn plotse vertrek zegt: 'Dank je wel. Het was kort maar aangenaam.'

Wanneer Beckett haar later vertelt dat vrijen zonder liefde is zoals koffie drinken zonder cognac, en dat hij er ook nog een paar andere maîtresses op nahoudt, dan is het voor Peggy genoeg. Voortaan luidt haar devies: 'Alles voor de Kunst.'

Guggenheim Jeune

Peggy opent haar Galerie Guggenheim Jeune in Londen met een tentoonstelling van Jean Cocteau, die sinds vele jaren de toonaangevende trendsetter van de Parijse modernen is. Zowel in de kunstwereld als bij het grote publiek is de expo een overweldigend succes. Maar de grootste aandacht gaat naar Peggy, meer bepaald naar haar oorbellen: in elk oor draagt ze zes aan elkaar geschakelde koperen gordijnringen, een mobiel juweel van de Amerikaanse beeldhouwer Alexander Calder.

Haar tweede tentoonstelling is gewijd aan de abstracte schilder Wassily Kandinsky, die nooit eerder in Londen te zien was. Vervolgens exposeert Peggy Guggenheim de Franse surrealistische schilder Yves Tanguy, op wie ze smoorverliefd wordt. De verkoop loopt geweldig en voor het eerst in zijn leven verdient Tanguy veel geld. Uit dankbaarheid maakt hij een paar oorbellen voor Peggy's collectie en graveert hij een fallus in haar gouden Dunhillaansteker, die ze jaren later in een Parijse taxi zal laten liggen. Wanneer ze voor haar volgende expo beeldhouwwerken van Brancusi en Henry Moore wil importeren, moet ze zeer hoge invoerrechten betalen. Zelfs de directeur van de Tate Gallery weigert de artefacten als kunstwerken te erkennen en Peggy Guggenheim moet een hoge tol betalen op wat de douaniers beschouwen als brokken hout, stukken brons en metaal van op de schroothoop. Als de tentoongestelde kunstenaars niet verkopen, koopt Peggy zélf een paar werken aan om de kunstenaar niet teleur te stellen. Zo bezit Peggy Guggenheim binnen de kortste tijd een van de mooiste privécollecties van de twintigste eeuw.

Terug naar Parijs

Net voor het uitbreken van de Tweede Wereldoorlog keert Peggy van Londen terug naar Parijs. Zij vraagt aan het Louvre of ze haar collectie in de immense opslagplaatsen van het museum mag onderbrengen. Het antwoord is negatief. De directie vindt de verzameling te modern en de moeite niet waard om ze te bewaren. Het zijn werken van Kandinsky, Mondriaan, Dalí en Magritte. Uiteindelijk krijgt de collectie voorlopig onderdak in een oud kasteel in de buurt van het collaborerende Vichy.

Peggy beseft dat ze een joodse vrouw is die onder een antisemitisch regime leeft en een voorraad kunst bezit die in de ogen van de nazi's 'ontaard' is. Ze besluit met haar collectie naar Amerika te vluchten. Ze betaalt ook de overtocht van André Breton en van haar nieuwe geliefde, de schilder Max Ernst. Op vier juli 1941 arriveert ze met haar gezelschap én haar collectie in New York.

New York, New York

Het eerste wat Peggy Guggenheim doet als ze in New York is aangekomen, is een bezoek brengen aan het Museum of Modern Arts, waar ze veertien schilderijen van haar geliefde Max Ernst kan verkopen. De Solomon Guggenheim Foundation van haar oom vindt ze voorbijgestreefd en Peggy beslist opnieuw met een eigen galerie te beginnen met de veelzeggende naam *Art of the Century*. De opening gaat gepaard met een spectaculaire champagnefuif op 20 oktober 1941. De toegang bedraagt één dollar en de opbrengst gaat integraal naar het Rode Kruis. De gastvrouw verschijnt in een witte jurk, die spectaculair afsteekt tegen haar gitzwart geverfde haar en haar karmozijnrode lippenstift. In elk oor draagt Peggy een verschillende oorring. De ene is van Alexander Calder, die de abstracte kunst vertegenwoordigt, en de andere is van Yves Tanguy, die verwijst naar het surrealisme.

De galerie van Peggy Guggenheim is binnen de kortste tijd in New York de *place to be* voor kunstzinnige zielen en ook de populaire first lady Eleonor Roosevelt komt er op visite. In januari 1943 presenteert Peggy Guggenheim een ophefmakende tentoonstelling met uitsluitend vrouwen, onder wie de revolutionaire Frida Kahlo en de mysterieuze Leonor Fini.

Jackson Pollock

Jackson Pollock is een rauw, lomp en nauwelijks sociaal type, een duidelijk product van het schrale Amerikaanse Westen. Pollock is een gekwelde man die te veel drinkt en die zijn excessieve drinkgedrag en zijn oncontroleerbare woedeaanvallen door psychoanalyse in toom tracht te houden.

Maar Peggy Guggenheim herkent het genie dat in de brute man schuilt en ze wil hem het koste wat het kost in haar galerie exposeren. Een week vóór de opening van de solotentoonstelling in november 1943 verklaart ze: 'Ik beschouw deze tentoonstelling als een belangrijke gebeurtenis in de geschiedenis van de moderne kunst. Pollock is een van de sterkste en interessantste Amerikaanse schilders.'

De tentoonstelling heeft 'lovers' en 'haters'. De kritieken gaan van 'ontzettend slap' tot 'vulkanisch talent'. Maar de toonaangevende criticus Clement Greenberg heeft begrepen dat Jackson Pollock staat voor wat hij in een klassiek geworden artikel het 'abstract expressionisme' zal noemen. Het Museum of Modern Arts volgt de gezaghebbende Greenberg en koopt meteen een doek van Pollock aan. Op haar beurt bestelt Peggy Guggenheim een fresco van zeven meter op twee voor de hall van haar nieuwe appartement. Pollock gaat als een bezetene te werk en hij klaart de klus in amper drie uur tijd.

In zijn privéleven gaat het echter bergafwaarts: Jackson Pollock brengt zijn dagen brassend en vechtend door en zijn echtgenote Lee Krasner begint haar engelengeduld te verliezen. Peggy heeft ook geen tijd om voor de wildebras te zorgen. Voortaan wordt de eigenzinnige kunstliefhebster helemaal in beslag genomen door het schrijven van haar succulente memoires, die ze de provocerende titel *Vijf echtgenoten en een paar andere mannen* meegeeft. Haar uitgever verandert echter de smeuïge titel in *Out of the Century*.

De meeste critici zijn gechoqueerd en *Time* schrijft: 'Het boek is zo plat en onnozel als een uitvoering van *Tristan en Isolde* op een mondharmonica.'

Maar dat kan de superieure Peggy Guggenheim helemaal niet schelen en dat de preutse journalisten haar bovendien ook nog beschuldigen van vulgariteit en decadentie, vindt ze aardig meegenomen.

Op weg naar een legende

Met het verschijnen van haar memoires krijgt Peggy Guggenheim de status van een legende, die van de promiscue vrouw die ondanks haar grote rijkdom leeft als een bohemienne en die boven alle dingen de kunst liefheeft.

Na haar vijf jaar New York is 'la Guggenheim' een feilloze kunstimpresario geworden, iemand die carrières kan maken en breken. Peggy Guggenheim vergist zich echter nooit en haar jongste ontdekkingen zijn Mark Rothko en Yoko Ono.

Peggy heeft heimwee naar Europa, ze keert terug naar Parijs, maar kan haar draai niet vinden in het naoorlogse Saint-Germain-des-Prés van de intellectuele existentialisten. Bovendien is de champagne in La Closerie des Lilas peperduur geworden.

Uiteindelijk verhuist Peggy naar Venetië, waar ze haar zinnen heeft gezet op een prachtig palazzo. Daar kan ze in alle rust van haar prachtige kunstcollectie genieten en de onafgebroken stroom bezoekers entertainen met de laatste nieuwtjes en roddels uit de kunstwereld.

Peggy Guggenheim is niet iemand om stil te zitten en ze heeft een nieuwe passie: ze fokt Lhasa Apso-hondjes, die over de marmeren vloer van haar palazzzo rondstuiven. Ze heeft ook een gondel gekocht om door de kanalen van de magische stad te varen.

Ter gelegenheid van de vierentwintigste Biënnale van Venetië wordt ze uitgenodigd om haar collectie te exposeren. Voor het publiek is het een echte verrassing. De enige moderne kunstenaars die in Italië bekend zijn naast de futuristen, zijn Picasso en Klee. De Italianen weten niets af van de surrealisten of van de nieuwe generatie Amerikanen. Haar palazzo groeit snel uit tot een museum en de excentrieke Amerikaanse eigenares alleen al is een toeristische attractie. Al haar liefde gaat naar haar honden. Het aantal varieert van tien tot twintig en als de dieren sterven, worden ze in de tuin begraven. Op de graftombe staat *Here lie my beloved babies*, hier rusten Cappucino, White Lady en Madam Butterfly. Na haar dood zal men de graven van niet minder dan veertien schoothondjes vinden.

In die tuin staat er ook een sculptuur van de Italiaanse beeldhouwer Marino Marini. Het is een grote ruiter met een reusachtige penis die van het beeld afgevezen kan worden. Een ingreep die Peggy steevast doet bij religieuze plechtigheden, 'opdat de nonnetjes niet flauw zouden vallen', voegt ze eraan toe. In de zomer gaat Peggy naakt zonnen op haar dakterras en vindt dat het tijd is om nog eens verliefd te worden.

Een laatste liefde

Van 1951 tot 1954 heeft Peggy Guggenheim een stormachtige affaire met Raoul Gregorich, een man die 23 jaar jonger is dan zij en die ze zo mooi als Tarzan vindt. Raoul stelt vooral Peggy's vrijgevigheid op prijs en houdt er in het geheim enkele jonge vriendinnen op na. Peggy vindt het vooral fijn dat Raoul geen intellectueel is en ze schrijft naar een vriendin: 'De helft van de tijd maken we gierende ruzie, maar de andere helft zijn we erg gelukkig.' Uiteindelijk schenkt Peggy hem de hemelsblauwe Ferrari waar hij zo om gesmeekt heeft. Wanneer Raoul in de sportauto even buiten Venetië een motorrijder moet ontwijken, botst hij op een andere auto en verongelukt. Raoul sterft op zijn drieëndertigste.

Om haar te troosten nodigt de excentrieke Amerikaanse schrijver Paul Bowles Peggy uit op Ceylon, waar hij zijn eigen kleine eiland heeft.

In december 1964 organiseert de Londense Tate Gallery een grote tentoonstelling met de volledige collectie van Peggy Guggenheim. Ze koopt nog werk van Francis Bacon, maar Warhol en Lichtenstein vindt de ontdekster van Pollock en Rothko niet eens de moeite waard.

In 1979 breekt Peggy een botje in haar voet en laat ze zich opereren in een ziekenhuis in Padua. Kort na haar aankomst krijgt ze longoedeem en op een nacht loopt ze bij een val diverse gebroken ribben op. Ze krijgt ook nog een beroerte en sterft op 23 december 1979. Op 9 januari wordt haar lichaam verast op het kerkhof van San Michele. Haar as wordt in haar tuin begraven, naast de kleine graven van haar vele honden.

Bibliografie

CHALMET, V., *Peggy Guggenheim. Un fantasme d'éternité*, Payot, 2009.
DEARBORN, M.V., *Minnares van het Modernisme*, Sirene, 2005.
GUGGENHEIM, P., *Confessions of an Art Addict*, Universe Book, 1979.

Romy Schneider

(1938-1982)

A star is born

Rosemarie Magdalena Albach, beter bekend onder de naam Romy Schneider, wordt geboren in Wenen op 23 september 1938. Een jaar eerder viel Hitler de Oostenrijkse hoofdstad binnen en riep de Anschluss uit waardoor Oostenrijk bij Duitsland geannexeerd werd. Romy Schneider heeft dus, hoewel in Wenen geboren, de Duitse nationaliteit. Moeder en vader, Magda Schneider en Wolf Albach-Retty, zijn gevierde theateracteurs en hebben weinig tijd voor hun dochtertje. Als kind mist Romy de aandacht en de tederheid van haar ouders, die altijd op stap zijn, maar nooit samen. In 1941 wordt de jongen Wolfdieter geboren. De driejarige Romy mist de liefde van haar ouders en zal zich op haar broertje wreken. Magda Schneider vertelt: 'Toen Wolfdieter op de wereld kwam, begon Romy zich te gedragen als een echte tiran. Dat scenario zal Romy Schneider met haar latere mannen terugspelen. In 1943 laat vader Wolf zijn gezin in de steek voor een jongere actrice: 'Ik ben niet gemaakt voor het gezinsleven, ik ben geboren om de vrouwen lief te hebben', is zijn enige commentaar.

Van 1 juli 1949 tot 12 juli 1953 brengt Romy vier jaar door in het internaat van Goldenstein. De school bevindt zich in een oud kasteel in de buurt van Salzburg. Romy is dolgelukkig wanneer ze mag meespelen in het schooltoneel. Wanneer ze de rol van Mefisto krijgt, schrijft Romy aan haar vader of hij haar een echt theaterkostuum kan lenen. Als Romy op een morgen een postpakket uit het Weense Burgtheater ontvangt, kan haar vreugde niet meer op. Dit is het bewijs dat haar vader haar niet vergeten is! Wanneer ze het bijgaande briefje van de kleedster leest, is ze echter snel ontnuchterd: 'Beste Romy, ik vond dit briefje bij de conciërge van het theater. Je mag het je vader niet kwalijk nemen, want hij heeft het ontzettend druk. Daarom stuur ik je dit kostuum op. Ik hoop dat het je zal passen en dat je zal schitteren in je rol.'

Romy Schneider-Albach

In juli 1953 is het grote vakantie voor Romy en ze vindt haar broertje in het landhuis van Schönau in de Beierse Alpen. De ontgoocheling is groot wanneer haar moeder haar vertelt dat ze weg moet voor filmopnamen. Maar het verdriet is vlug geheeld: regisseur Hans Deppe zoekt voor zijn film *Wenn der Weisse Flieder wieder blüht* (Wanneer de witte seringen weer zullen bloeien) nog een jong meisje om de dochter te spelen van de heldin, die vertolkt wordt door mama Magda Schneider. Romy staat erop dat ze op de generiek vermeld wordt als Romy Schneider-Albach, als blijk van liefde voor haar vader. Moeder Schneider is woest, want ze vindt het voor haar dochter een hele eer de naam te dragen van een steractrice als Magda Schneider. Wanneer er van vaderlief geen reactie komt op dat gebaar, gaat ze voortaan als Romy Schneider door het leven.

De formule moeder-dochter slaat in en de ene film volgt de andere op. Het zijn allemaal zeemzoete komedies die door het Oostenrijkse operettepubliek zeer gesmaakt worden.

Sissi

De klap op de vuurpijl komt in 1955 met de film *Sissi* van Ernst Marishka met Karlheinz Böhm, de zoon van de beroemde dirigent Karl Böhm en, uiteraard, Maria Schneider. Romy is zeventien jaar oud, dezelfde leeftijd die de 'anarchistische prinses' Elizabeth op haar trouwdag had. De opnamen gebeuren op dezelfde historische plekken die de 'echte' keizerin Elizabeth frequenteerde: het kasteel van Schönbrunn en de Sint-Stephansdom. De sentimentele film, die baadt in een sfeer van kitscherige nostalgie, is een ware triomf. In Duitsland trekt de film meer kijkers dan de Amerikaanse kaskraker *Gone with the wind*. En ook in Frankrijk, waar de film niet minder dan achttien miljoen kijkers lokt, jubelt de filmpers: 'Wenen heeft Hollywood een lesje geleerd.' Nadien volgen *Sissi, die Junge Kaiserin* en *Sissi, Schicksalsjahre einer Kaiserin*. De films hebben een onvoorstelbaar succes en in heel Europa woedt er een echte 'Sissimania'.

Na de derde *Sissi* houdt Romy Schneider het echter voor bekeken. Tot grote consternatie van de filmwereld en tot misnoegen van haar publiek zegt de negentienjarige filmster 'neen' tegen het aanbod van één miljoen Duitse mark om een 'Sissi IV' te draaien. Ook de tussenkomst van het Oostenrijkse ministerie van Opvoeding mag niet baten. De minister beschouwt immers de 'Sissi'-films van een 'historisch belang dat de waarde van de Oostenrijkse ziel kan verhogen'.

Romy verliefd

Romy wordt verliefd... eerst op de jonge acteur Horst Buchholz, de 'Weense James Dean', en nadien op de zesentwintig jaar oudere vriend des huizes, de hoogst respectabele acteur Curd Jürgens. Maar haar eerste, échte grote liefde zal de beeldschone Alain Delon zijn.

De Franse regisseur Pierre Gaspard-Huit, die een remake wil draaien van *Liebelei*, naar de novelle van Arthur Schnitzler, nodigt Romy Schneider uit in Parijs om het scenario te bespreken en haar voor te stellen aan haar mannelijke tegenspeler Alain Delon. 'Toen ik de trap van het vliegtuig afdaalde, zag ik een jongeman die te mooi was om waar te zijn. Het was Alain Delon. Hij sprak geen Engels en ik sprak geen Frans. Toch begrepen wij elkaar.' Romy is op haar hoede voor de knappe Alain, over wie de wildste verhalen de ronde doen: van gevaarlijke nietsnut tot perfide gigolo.

De titel van de film is *Christine* en toeval of niet, maar Romy Schneider vertolkt precies dezelfde rol die haar moeder vijfentwintig jaar eerder in de gelijknamige productie van de Duitse regisseur Max Ophüls speelde.

Romy Schneider en Alain Delon worden uitgenodigd op het grote Filmgala van Brussel naar aanleiding van de Wereldtentoonstelling van 1958. 'Samen met Alain nam ik de trein naar Brussel. Ik geloof dat we een beetje geflirt hebben. Hoe dan ook, toen mijn moeder mij aan het station kwam afhalen, heeft zij mij eens goed bekeken en gezucht: 'Verdorie, hij heeft je ook ingepakt.' Op de filmsoiree zit Romy Schneider aan de tafel van de Duitse genodigden, Alain Delon heeft zijn plaats bij de Franse delegatie. Alain nodigt Romy ten dans uit en tijdens de slow vraagt hij haar om samen met hem aan de tafel van de Fransen te komen. 'Maar toen was ik nog een braaf meisje. Ik ben terug bij mijn familie gaan zitten en dacht na. Ik nam een slok champagne en besloot dat het maar eens moest gedaan zijn met de voogdij van mijn moeder. Ik voelde in mijzelf een echte revolte.'

De opnamen van *Christine* in Wenen verlopen in een idyllische sfeer. Tot grote woede en ergernis van mama Schneider generen Romy Schneider en Alain Delon zich niet voor het oog van de nieuwsgierige fotografen. 'Alain is de belangrijkste man in mijn leven geweest... vóór hem wist ik niets.' Wanneer de opnamen gedaan zijn en Delon naar Parijs terugkeert, is Romy kapot van verdriet. Na enkele weken neemt zij het vliegtuig naar Parijs, voor altijd. Zij breekt met haar 'Sissi'-imago, haar familie en haar vaderland. De Duitse pers vergeeft haar dit 'verraad' niet en interpreteert het vertrek van Romy Schneider als een majesteitsschennis. Haar hele leven lang zal de Duitse pers Romy achtervolgen en haar op de meest crapuleuze wijze door het slijk halen, maar voor de Fransen zijn Romy en Alain voor eens en altijd 'de verloofden van Europa'.

De tol van de roem

Op 22 maart 1955 verlooft Romy Schneider zich officieel met Alain Delon en ze gaat bij hem inwonen. Romy is eenentwintig en heeft al twintig films op haar actief. Maar de nieuwe filmgolf, de *nouvelle vague*, wil niets weten van de *cinéma papa*, waarvan *Sissi* een van de boegbeelden is. De gespecialiseerde filmpers kroont haar tot de slechtste actrice ter wereld en noemt haar films suikerachtig snoepgoed, *rose bonbon*. Romy beseft dat het allemaal veel te snel is gegaan en dat ze nu al de vergane glorie is van een filmgenre dat voorgoed heeft afgedaan. Alain Delon echter krijgt mooie aanbiedingen: de geniale Luchino Visconti vraagt hem voor de hoofdrol in *Rocco ei i suoi fratelli* en later voor zijn *Il Gattopardo*. Met René Clément draait hij *Plein Soleil*, naar een *Ripley*-roman van Patricia Highsmith, en in 1962 is het de beurt aan Michelangelo Antonioni voor *L'Eclisse*. Het succes van Delon is zo overrompelend dat de filmbusiness enkel in Romy Schneider geïnteresseerd is als 'de vrouw van Alain Delon'.

'Zonde dat zij een hoer is'

De redding komt van Luchino Visconti. Op 29 maart 1961 creëert de flamboyante Italiaanse regisseur in het Théâtre de Paris *'Tis Pity She's a Whore* van de Engelse toneelschrijver John Ford (1586-1640), een tragedie over de onmogelijke liefde van Annabella en haar broer Giovanni. Aanvankelijk staat Romy nogal weigerachtig tegenover het project, want ze heeft nog nooit op de planken gestaan en haar uitspraak van het Frans is ook niet alles. 'Ben je nu helemaal gek geworden? Ik zal je nooit mijn toestemming geven om aan dit avontuur te beginnen', tiert haar moeder door de telefoon. Dat is voor Romy het doorslaggevende argument om 'ja' te zeggen op het voorstel van 'Il Maestro'.

Op de première van *Zonde dat zij een hoer is* zijn alle bigshots aanwezig: Ingrid Bergman, Jean Cocteau en Jean Marais, Curd Jürgens en Shirley MacLaine. Het publiek en de scherprechters zijn door het dolle heen, de kritiek is unaniem positief: 'Met *Zonde dat zij een hoer is*, heeft Romy Schneider Sissi eindelijk begraven.'

De carrière van Romy Schneider zit weer op het goede spoor. Datzelfde jaar vraagt Orson Welles haar voor de rol van Leni voor zijn grandioze verfilming van *Het Proces* van Franz Kafka. Haar partners zijn Jeanne Moreau en Anthony Perkins. In 1963 engageert Otto Preminger haar voor zijn meeslepende versie van *The Cardinal*, naar de bestseller van Henry Morton Robinson. Tot Romy's grote vreugde is in die productie ook haar vader geëngageerd voor een kleine rol. Zowel *Het Proces* als *The Cardinal* zijn een definitieve bevestiging van Romy Schneiders onweerstaanbare acteertalent.

Romy Schneider tekent een contract met de Amerikaanse filmmaatschappij Columbia voor zeven films aan een bedrag van één miljoen dollar per film. In de herfst van 1963 verhuist ze met have en goed naar de Verenigde Staten. Terwijl Romy in Hollywood met Jack Lemmon de huwelijkskomedie *Good Neighbor Sam* draait, zit Alain Delon ook niet stil. Tijdens de verfilming van *De Zwarte Tulp*, een mantel- en degenfilm naar een roman van Alexandre Dumas, wordt hij dikwijls in het gezelschap van een mooie blonde gezien, een zekere Nathalie Barthélemy. Romy Schneider hecht geen geloof aan het roddelcircuit en wil haar lief gaan groeten op de filmset in Madrid. Maar Alain Delon laat haar weten dat hij het te druk heeft met de opnamen en dat hij liever niet gestoord wordt. Een paar weken later ontvangt Romy Schneider van haar verloofde een afscheidsbrief van twaalf bladzijden lang.

'De hel'

Op het moment dat Romy in zak en as zit, presenteert regisseur Henri-Georges Clouzot haar een nieuw scenario met de betekenisvolle titel: 'L'Enfer'. Clouzot is op dat moment een topregisseur met als bijnaam 'Clouzot la Terreur'. Hij draaide de adembenemende thrillers *Les Diaboliques* en *Le Salaire de la Peur*.

'L'Enfer' moet een superproductie worden, maar de film zal het daglicht nooit zien. Clouzot beschikt over een onbeperkt budget en wil een soort nieuwe cinema creëren. De film vertelt het verhaal van een echtgenoot die ziekelijk jaloers is en de regisseur wil die neurose in een psychedelische nachtmerrie vertalen. Henri-Georges Clouzot, die in geen vier jaar meer gedraaid heeft, is onzeker en hij gedraagt zich als een echte dictator: 'Clouzot is akelig precies en vanaf de eerste draaidag vroeg ik mij af hoe ik het met die obsessionele perfectionist zou kunnen volhouden. Toen hij mij vroeg om mijn tong in het blauw te verven, heb ik dat meteen gedaan, zonder vragen te stellen', zal Romy Schneider later vertellen. De spanning op de set is onhoudbaar en de mannelijke hoofdrol, Serge Reggiani, wordt ernstig ziek. Romy, die haar breuk met Alain Delon niet te boven is gekomen, lijdt aan een depressie, die ze met alcohol bestrijdt. Wanneer Clouzot door een hartinfarct instort en hij minstens een jaar moet rusten, worden de opnamen na drie weken voorgoed stopgezet.

In 2010 verschijnt er een documentaire met de gerestaureerde rushes over de 'Making of' van 'L'Enfer'. Uit de dertien uur gedraaide pellicule monteert de Franse filmcriticus Serge Bromberg een filmdocument over wat 'L'Enfer' had kunnen zijn.

Een mislukt huwelijk en een schitterende comeback

Op 1 april 1965 maakt Romy Schneider in Berlijn kennis met de joodse toneelregisseur Harry Meyen. Hij is een intellectueel, veertien jaar ouder dan zij en getrouwd. Voor Romy is Harry Meyen 'de sterke man' naar wie ze hopeloos op zoek is. Voor de sensatiepers is het een welgekomen vette kluif om 'La Schneider' nog eens door het slijk te halen. De vox populi is haar 'verraad aan Duitsland' niet vergeten en nu ze terug is maakt 'de hoer' een eerbaar huwelijk stuk! In mei 1966 wordt de echtscheiding van Harry Meyen uitgesproken. Romy is twee maanden zwanger en in december schenkt ze het leven aan een zoon, die ze David-Christopher noemt.

In de lente van 1968 belt Alain Delon haar op om haar een prachtige rol voor te stellen in de nieuwe film van Jacques Deray, *La Piscine*. Het aanbod van haar vroegere minnaar kon op geen beter moment komen. Romy wil haar filmcarrière opnieuw op het goede spoor zetten, temeer daar haar huwelijk met Harry serieus aan het zwalpen is. Het weerzien van de oude minnaars op 12 augustus 1968 op de luchthaven van Nice is voor de pers weer eens gefundenes Fressen. *La Piscine* is het verhaal van een liaison dangereuse met de jonge Jane Birkin als inzet. Romy straalt, ze is dertig jaar oud, heeft zichzelf teruggevonden en is nog nooit zo mooi geweest.

Romy Schneider installeert zich voorgoed in Parijs, terwijl Harry met haar zoon in Berlijn verblijft. Hij kan de scheiding niet verwerken en zoekt de vergetelheid in alcohol en pijnstillers.

De ene film na de andere, de ene man na de andere

In 1970 schittert Romy Schneider in de prachtige film *Les Choses de la Vie* van Claude Sautet aan de zijde van Michel Piccoli. Publiek en critici zijn laaiend enthousiast en Romy heeft in Claude Sautet haar ware regisseur gevonden. Nadien draait ze met hem *César et Rosalie, Une Histoire Simple* en *Mado*, typisch Franse intimistische (liefdes) drama's die bij het grote publiek bijzonder veel bijval kennen.

In 1971 draait Romy Schneider met Alain Delon en Richard Burton *De Moord op Trotski* met Joseph Losey als regisseur en een jaar later regisseert Luchino Visconti haar in *Ludwig of de Godendeemstering*, de romantische geschiedenis van de wagneriaanse homoseksuele koning van Oostenrijk. Zoveel jaren later speelt Romy Schneider opnieuw de rol van de keizerin van Oostenrijk. Maar er is niet de minste overeenkomst tussen de guitige Sissi van toen en de volwassen Elizabeth in de versie van Visconti.

Romy Schneider draait de ene film na de andere en heeft ook de ene man na de andere: de succesvolle Hollywoodproducer Bob Evans, de talentvolle acteur Bruno Ganz en 'playboy' Jacques Dutronc. Die laatste ontmoet ze op de set van de bizarre film *L'important c'est d'aimer* van de Poolse regisseur Andrzej Zulawski: 'Ik heb Romy Schneider niet alleen voor haar acteertalent gekozen, maar ook omdat er veel affiniteiten bestaan tussen haar persoonlijkheid en haar rol. Het is het verhaal van een (zelf) destructieve vrouw. De opnamen gebeuren in echte lijkenhuizen en psychiatrische instellingen.' *L'important c'est d'aimer* is een lugubere prent die begint als een mistroostige driehoeksverhouding om te eindigen in een morbide dodendans. Inderdaad, de rol van Nadine Chevalier, een verlopen actrice, is Romy op het lijf geschreven.

Elke morgen verschijnt Romy beroerd op de set: ze heeft de hele nacht geboemeld en heeft een fles champagne en twee flessen bourgogne mee als opkikkertje. En om dat alles weg te spoelen, trouwt Romy Schneider nog eens. Ze is zevenendertig jaar oud en verwacht een baby van haar secretaris, de zesentwintigjarige Daniel Biasini.

In 1979 ontvangt Romy Schneider de 'César', de Franse Oscar, voor de beste actrice van het jaar. Haar carrière is op een hoogtepunt gekomen. Ze speelt met Harvey Keitel in *La Mort en Direct* (*Death Watch*) van Bertrand Tavernier. De film vertelt de geschiedenis van een vrouw die, dodelijk aangetast door kanker, een deal sluit dat een cameraman haar mag volgen om haar doodsstrijd rechtstreeks op televisie uit te zenden. Met Costa-Gavras en Yves Montand draait ze nog *Clair de Femme*. Die indroevige film, gebaseerd op de aangrijpende roman van Romain Gary, vertelt het verhaal van een lange nacht uit het leven van twee gebroken mensen die samen de liefde proberen terug te vinden.

Een tragisch einde

Op 14 april 1979 ontvangt Romy Schneider het bericht dat haar ex-man, Harry Meyen, zich met een wollen sjaal heeft opgeknoopt. Ze voelt zich schuldig aan de zelfdoding van Harry en is kapot van verdriet, maar het ergste moet nog komen...

Haar zoon David brengt zijn zomervakantie door bij zijn grootouders in Zuid-Frankrijk. Op een avond in juli komt hij terug van een fietstocht en staat hij voor het gesloten ijzeren hek van de villa. Om zijn grootouders niet te storen, klautert de jongen over de hoge ijzeren poort. Hij glijdt uit, wordt doorboord door een stalen pin en is op slag dood.

De hellevaart van Romy kent geen genade. De boulevardbladen hadden eerder al een close-up gepubliceerd van haar dode zoon die op een draagberrie in de ambulancewagen gedragen wordt en op de begrafenis wordt Romy door de paparazzi genadeloos achtervolgd. Haar vrienden Jean-Claude Brialy en vooral Alain Delon proberen haar te steunen, maar het mag niet baten.

Na haar echtscheiding met Daniel Biasini draait Romy Schneider met de Franse regisseur Jacques Rouffio haar laatste film: *La Passante du Sans-Souci*, samen met haar oude trawant, Michel Piccoli. Op de begingeneriek wil ze de tekst: 'Voor David en voor zijn vader'.

Op 29 mei 1982 treft haar partner haar dood aan in haar appartement. Een overdosis wijn en tranquillizers hebben haar eindelijk rust gegeven. Eens te meer slaan de kranten genadeloos toe en plaatsen met veel leedvermaak op de eerste bladzijde 'De zelfmoord van Romy Schneider'.

Er is geen lijkschouwing en wat zou een autopsie uitgewezen hebben? Dat ze zich die avond de vergetelheid had ingedronken met een mix van pillen en alcohol? Maar dat was een ritueel dat zich elke avond, sinds vele jaren voltrok.

De ware oorzaak wordt het best verwoord door Alain Delon, de man van haar leven: 'Romy is gestorven aan een gebroken hart. Haar dood is begonnen met het overlijden van haar zoon David.'

Bibliografie

Bonini, E., *La Véritable Romy Schneider*, Pygmalion, 2001.
Pascuito, B., *La double mort de Romy*, Albin Michel, 2002.

Zelda Fitzgerald

(1900-1948)

Een mooi meisje in het diepe zuiden

Op 24 juli 1900 wordt Zelda Sayre geboren in Montgomery in de staat Alabama in het diepe zuiden van de Verenigde Staten. Zelda is het zesde en jongste kind in het gezin van rechter Anthony Dickinson Sayre. 'Rechter Sayre', want zo wil de vooraanstaande jurist aangesproken worden, ook door zijn echtgenote en door zijn kinderen. Minnie Sayre, die heel veel leest, noemt haar dochtertje Zelda naar een van de heldinnen van haar avonturenromans: 'Zelda, het kind van een dolende zigeunerfamilie'. Als kind al is Zelda heel mooi. Ze heeft blond haar en blauwe ogen en verschilt hierdoor helemaal van haar andere broertjes en zusjes. Zelda is de uitverkoren lieveling van haar moeder, die haar schattige dochtertje borstvoeding geeft tot ze vier jaar oud is.

Zelda is een vrolijk en sportief kind dat nooit moe geraakt. Als ze zes is en voor het eerst naar school moet, staat ze na een paar uur al terug thuis, want stilzitten op de harde schoolbanken is niets voor de levendige Zelda. Van mama Minnie, die haar dochtertje niets kan weigeren, mag het verwende meisje nog een jaartje thuis blijven. Als kind staat Zelda graag in het centrum van de belangstelling en ze heeft al heel snel begrepen hoe ze de anderen kan manipuleren.

In 1909 wordt rechter Sayre benoemd tot substituut-procureur aan het Hogere Gerechtshof van Alabama en datzelfde jaar schrijft Zelda zich in voor danslessen.

Als Zelda veertien is, gaat ze naar het lyceum. Haar schoolkameraadjes hebben vlug door dat na de schooluren Zelda veel vrijer is dan de andere meisjes. Na de lessen gaat ze steevast in de drugstore een banana split eten en drinkt daarbij een 'dope', een mix van coca-cola en geparfumeerde alcohol. Zelda verslindt de romans van Oscar Wilde, Rudyard Kipling en alle boeken over de Amerikaanse Burgeroorlog, maar het liefst droomt ze weg bij het lezen van sprookjes over feeën en prinsessen.

Zelda is vijftien jaar oud, bijzonder mooi en gebruikt stiekem de lippenstift en de mascara van haar oudere zussen om zich op te tutten. Van haar moeder, die haar niets kan weigeren, krijgt ze de elegantste soireejurken. Zelda straalt, ze is een van de mooiste jonge vrouwen van Montgomery. En ze weet het.

Zwemmen en jongens

Op het eindejaarsschoolfeest verschijnt Zelda in een roze balkleed in zijden mousseline, dat haar moeder speciaal voor die gelegenheid genaaid heeft. Zonder zich te generen danst ze met de jongens 'cheeck to cheeck' en verdwijnt af en toe met een jongen in zijn wagen om wat nader kennis te maken. Zelda vrijt, rookt en drinkt gin. 'In het leven zijn er maar twee dingen die mij echt interesseren, zwemmen en jongens', zegt de *southern belle* uitdagend.

Wanneer in de zomer van 1917 de Verenigde Staten deelnemen aan de Eerste Wereldoorlog, betekent dat een hele verandering voor het anders zo rustige Montgomery. Duizenden soldaten en piloten komen eraan om zich te trainen in de naburige oefenkampen. Er gaan nieuwe winkels, hotels en restaurants open om de militairen te ontvangen en binnen de kortste tijd is het anders zo saaie Montgomery een vrolijke stad geworden.

Zelda is zeventien en ten huize van rechter Sayre zijn de hogere officieren kind aan huis. De knappe dochter des huizes verzamelt de gekleurde onderscheidingstekens die de soldaten haar als vriendschapspand cadeau doen. Zelda mist geen enkel bal, spijbelt en haalt op haar schoolrapport een onvoldoende. 'In die tijd stak ik niet veel uit op school, ik was meer geïnteresseerd in de knappe soldaten dan in mijn saaie studies. Ik danste de hele nacht en tijdens de lessen viel ik in slaap', schrijft ze in haar dagboek, niet zonder enige trots.

Francis Scott Fitzgerald

In juli 1918, precies één maand voor ze afstudeert, ontmoet Zelda Sayre de elegante Scott Fitzgerald. Op het bal van de officieren kan luitenant Fitzgerald zijn ogen niet afhouden van het mooie meisje met de lange, goudblonde haren. Voor hem is ze de mooiste vrouw die hij ooit gezien heeft en hij wil absoluut aan haar voorgesteld worden. Ook Scott is opvallend knap en het is alsof die twee mooie jonge mensen niet alleen elkaar aantrekken, maar ook op elkaar gaan lijken.

Francis Scott Fitzgerald, geboren in 1896, is katholiek en van Ierse afkomst. Hij is geen denderende leerling, maar hij is wel hoofdredacteur van het schoolblad. Als hij vijftien is, schrijft hij voor het eindejaarsfeest een toneelstuk waarin hij de hoofdrol speelt. Tijdens de grote vakantie schrijft hij een tweede toneelstuk over de Burgeroorlog en ontdekt hij de geneugten van de alcohol. Binnen de kortste tijd heeft hij bij zijn vrienden de reputatie een alcoholist te zijn, maar Scott is gecharmeerd door het romantische imago van 'de dronken dichter'.

In september 1914 is Scott achttien jaar oud en slaagt hij maar net voor zijn toelatingsexamen aan de universiteit van Princeton. Wat Scott veel belangrijker vindt, is dat hij in dezelfde week nog 'cum laude' toegelaten wordt in de zeer exclusieve Cottage Club en daar moet op gedronken worden!

In het derde jaar zakt Scott voor zijn examens, hij heeft zijn eerste gezondheidsproblemen en houdt zijn universitaire studies voor bekeken. Tijdens de zomer van 1917 schrijft Scott naar zijn vriend Edmund Wilson, de toekomstige hoofdredacteur van het gezaghebbende *Vanity Fair*, hoe hij de hele zomer heeft doorgebracht in het gezelschap van de alcohol en de filosofie.

In zijn dagboek van september van datzelfde jaar schrijft Scott dat hij onherroepelijk verliefd is geworden op de mooie Zelda Sayre en ook Zelda is niet onverschillig voor de charmes van de dronken dichter. Mocht Scott weer eens een glas te veel op hebben, dan zijn er nog altijd zoveel andere knappe mannen om troost bij te zoeken. Dat kat-en-muisspelletje zal hun hele leven lang duren. Maar boven alles hebben Scott en Zelda één gemeenschappelijke droom die hen eens en voor altijd zal binden: schrijven en New York veroveren.

'This Side of Paradise'

Scott schrijft kortverhalen, maar geen enkele krant wil ze publiceren. Om te overleven maakt hij reclameteksten voor amper negentig dollar per maand. Wanneer Zelda haar ouders vertelt dat ze met Scott wil trouwen, hebben de Sayers wel een heel ander beeld van de ideale schoonzoon. Ze geven toe dat Scott een charmante jongeman is, maar hij heeft zijn diploma aan de universiteit van Princeton niet gehaald, hij is een katholieke Ier, heeft geen enkele carrièremogelijkheid en bovendien drinkt hij te veel. Uiteindelijk zwicht Zelda voor de argumenten van haar ouders en ze smeekt Scott om haar met rust te laten. Scott neemt de eerste trein naar New York.

In Montgomery is het voor Zelda een zomer zoals vele andere, met veel bals en zwempartijtjes. New York daarentegen is een ware stimulans voor Scott Fitzgerald. Door de drooglegging moeten de bars sluiten en wordt het alsmaar moeilijker om dronken te raken. Scott sluit zich op en werkt verbeten aan *This Side of Paradise* en hoopt met zijn eerste roman Zelda Sayre opnieuw te veroveren. Hij gaat zelfs zo ver fragmenten van Zelda's brieven in zijn boek te verwerken en Rosalind, het hoofdpersonage van *This Side of Paradise*, is duidelijk geïnspireerd op Zelda Sayre. Rosalind is een van die vrouwen die echt niets moeten doen om de mannen te verleiden. Er zijn slechts twee soorten mannen die aan haar charmes kunnen weerstaan: de middelmatige mannen die bang zijn voor haar intelligentie, en de intellectuelen die terugschrikken voor haar schoonheid.

Scott Fitzgerald dient zijn eerste roman in bij de belangrijke uitgeverij Scribner's en twee weken later, op 4 september 1919, mag hij al zijn contract voor de publicatie van *This Side of Paradise* tekenen.

In oktober schrijft hij naar Zelda om haar van zijn succes op de hoogte te brengen en ook om haar te zeggen dat hij haar zo graag zou terugzien. Het antwoord van Zelda laat niet lang op zich wachten: 'Ik wil je ook terug zien, maar je begrijpt wel dat ik je dat niet als eerste kon vragen. Breng ook een fles gin mee, want ik heb de hele zomer niets gedronken en jij hebt toch al de reputatie van een alcoholist te zijn.'

Nu wil Zelda wel trouwen, niet dat Scott nu veel geld zou hebben want zijn eerste roman heeft hem totnogtoe zo goed als niets opgeleverd, maar Zelda ziet in dat Scott zijn zelfvertrouwen terug heeft en dat er hem een mooie schrijverscarrière te wachten staat.

Aangemoedigd door het succes van *This Side of Paradise* zet Scott zich serieus aan het werk. Hij gaat zijn vroegere novellen herschrijven en kan ze allemaal verkopen aan 400 dollar per titel aan de *Saturday Evening Post*. Iedere keer dat hij een verhaal verkocht heeft, stuurt Scott een telegram naar Zelda en drinkt hij een stevige borrel om zijn succes te vieren. Om niets te kort te komen heeft hij een eigen drankleverancier, wat tijdens de Drooglegging wel het toppunt van dronkemansklasse is. Wanneer Scott voor 2500 dollar de rechten van een novelle aan filmmaatschappij Metro verkoopt, kan zijn vreugde niet meer op en hij stuurt Zelda een platina horloge op.

Zelda heeft in één adem *This Side of Paradise* uitgelezen en wanneer ze merkt dat Scott ongegeneerd in zijn roman fragmenten van haar liefdesbrieven verwerkt heeft, krijgt Zelda ook zin om te gaan schrijven. Ze is echter bang te falen op hetzelfde terrein waar Scott zijn meesterschap bewezen heeft.

Op 3 april 1920 treden Scott Fitzgerald en Zelda Sayre in de Saint-Patrickskathedraal in New York met elkaar in het huwelijk.

'The Beautiful and the Damned'

Heel snel zijn Scott en Zelda de culthelden van de New Yorkse jeugd van de jaren 1920. Scott wordt overal gevraagd om lezingen te geven en binnen de kortste tijd is hij, zonder dat hij erom gevraagd heeft, de woordvoerder van de generatie die zichzelf de *jazz age* noemt. Zelda op haar beurt is de ideale *flapper girl*. De *flapper* staat voor die nieuwe lichting zelfbewuste vrouwen die de haren kort laat knippen, naar jazz luistert, zware make-up en korte rokken draagt, stevig rookt en drinkt, met de wagen rijdt en mannen verleidt. Die vrouwen hebben een volledig nieuwe modestijl die het einde van het korset en het begin van de emancipatie betekent. De grote voorbeelden zijn de filmsterren Louise Brooks, Joan Crawford en... Zelda Fitzgerald.

Zelda en Scott zijn de helden van het nachtleven en hun wilde, dronken feesten eindigen dikwijls in de fontein van Union Square, in een brandweerwagen of gewoonweg op het politiecommissariaat. Als ze dronken is, flirt Zelda ongegeneerd met andere mannen, een vriend beschrijft haar als 'een vamp met de mentaliteit van een klein kind'.

Scott verdient gemakkelijk 20.000 dollar per jaar, maar het geld smelt als sneeuw voor de zon, want als Zelda haar zinnen heeft gezet op een nieuwe bontmantel, kan Scott dat natuurlijk niet weigeren.

Zelda is zwanger en ze beslissen vóór de geboorte van het kind een reis naar Europa te maken, naar Londen, Parijs, Rome, Firenze en Venetië. Terug in New York bevalt Zelda op 26 oktober 1921 van hun dochtertje Frances (Scottie). Begin februari is zij opnieuw zwanger, maar ze pleegt een abortus. Scott zal de ingreep vertellen bij monde van Gloria, het hoofdpersonage van zijn tweede roman, *The Beautiful and the Damned*.

Bij het lezen van de roman herkent Zelda zich meteen in de figuur van Gloria, maar er is nog veel meer: 'Ik herkende ook een fragment uit een van mijn dagboeken dat op een mysterieuze manier uit mijn kamer verdwenen is, en er staan ook hele stukken uit mijn brieven in. Het gestructureerde plagiaat van Mr Fitzgerald begint gewoonweg thuis.' Zelda is gekwetst omdat haar echtgenoot, zonder dat ze er ook maar iets van wist, haar als model gebruikt heeft voor een van zijn romanpersonages.

Maar Zelda laat niets merken van haar teleurstelling. Ze verbergt zich achter haar spreekwoordelijke nonchalance, gaat zwemmen, speelt golf en stort zich met hart en ziel op haar nieuwe opdracht: een reeks artikels over de swingende *flappers*. Ze wordt ook meer en meer voor interviews gevraagd omdat de journalisten graag te weten willen komen in hoeverre zij de echte heldin is van de romans van haar echtgenoot. Haar vreugde kan niet op wanneer ze op haar beurt twee van haar novellen kan verkopen aan een literair tijdschrift.

'The Great Gatsby'

In de lente van 1924 arriveert het gezin Fitzgerald in Parijs en sluiten er meteen vriendschap met de jonge, toen nog onbekende Amerikaanse schrijver Ernest Hemingway. Het drietal maakt grote sier en Hemingway, die net terug is van de corrida's in Spanje, is het levende bewijs van het Spaanse spreekwoord 'Goed leven is de beste wraak'. Ze ontmoeten de schilders Pablo Picasso, Georges Braque en Joan Miró. Parijs is dat eeuwigdurende feest waar iedereen altijd jong is. De componist Cole Porter vertelt aan Scott en Zelda dat er nog iets mooiers bestaat dan Parijs, namelijk de Côte d'Azur.

Eind mei vertrekken Scott, Zelda en Scottie naar het zuiden. Ze installeren zich in Saint-Raphaël in de grote Villa Marie. Aanvankelijk gaat alles goed, er is een kindermeisje voor Scottie en er zijn voldoende bedienden om de grote villa te onderhouden. Zelda kan zonnen en zwemmen naar hartenlust en doet haar uiterste best om Scott niet te storen bij het schrijven. Gelukkig zijn er op het strand genoeg gespierde jongens om op te vrijen.

Klaarblijkelijk is er geen vuiltje aan de lucht, maar ondanks haar geflirt met Jozan, een Franse piloot, is Zelda eenzaam want ze voelt zich uitgesloten uit de wereld van Scott. Op een avond neemt ze een overdosis slaappillen, maar kan op tijd gered worden.

Wanneer op 10 april 1925 *The Great Gatsby* verschijnt, krijgt de nieuwe roman van Scott laaiende kritieken, maar die hebben helaas geen invloed op de lage verkoopcijfers.

Zelda is dikwijls ziek en op een avond heeft ze zoveel gedronken dat er een dokter bijgehaald moet worden. Hij kan haar enkel nog kalmeren met een spuitje morfine.

Het paradijselijke zuiden heeft een bittere bijsmaak voor de Fitzgeralds en in december 1926 keren ze terug naar de Verenigde Staten.

Hollywood en retour

Scott krijgt een contract aangeboden bij United Artists om een filmscenario te schrijven. Hij ontvangt 12.000 dollar als het scenario aangenomen wordt en 3500 wanneer het niet gebruikt wordt. Zelda verveelt zich en heeft heimwee naar het bruisende Parijs. Scott amuseert zich kostelijk met de jonge starlets en ijdel als hij is, doet hij audities om mee te spelen in een film. Na acht maanden hard labeur wordt het scenario niet aangenomen en de familie Fitzgerald kan opgelucht en blij het zonnige Hollywood verlaten.

Ze huren een huis in Wilmington, Delaware. Zelda begint opnieuw te schrijven en elk weekend is het feest. Het schrijven wil niet vlotten en Zelda gaat danslessen volgen met de rotsvaste overtuiging dat zij de nieuwe Anna Pavlova zal worden. In haar diepste binnenste weet ze echter maar al te goed dat de carrière van sterdanseres niet voor haar is weggelegd.

Reizen lijkt een wondermiddel voor het gefrustreerde koppel en ze reizen weer naar Parijs. Toch gaat het niet goed met Zelda: ze valt regelmatig flauw, hallucineert, krijgt morfine om te kalmeren, doet een zelfmoordpoging en op 23 april 1930 wordt ze opgenomen in een hospitaal in Malmaison, niet ver buiten Parijs. Zelda heeft een zware depressie en Scott is bang dat Zelda voorgoed gek zal worden.

Voer voor psychologen

Van Parijs gaat het naar Genève, waar Zelda in therapie gaat in de gereputeerde kliniek van dokter Oscar Forel, de man die de geschiedenis zal ingaan als de psychiater die Lucia, de dochter van James Joyce, verzorgde. De arts is formeel: Zelda moet het uit haar hoofd zetten een prima ballerina te willen worden, anders zal ze nooit ofte nooit genezen. Tijdens de maand juni krijgt Zelda bezoek van haar dochtertje Scottie. Zelda doet haar uiterste best om er zo normaal mogelijk uit te zien. De inspanning die ze moet leveren is zo groot dat na het vertrek van Scottie haar gezicht en haar hals vol eczeem staan.

'Toen zij opgenomen werd zag zij er bijzonder mooi uit, nu was haar gezicht een afschuwelijke, levende wonde.' Zo zal Scott zijn zieke echtgenote beschrijven in zijn roman *Tender is the Night*.

Scott, die tot dan in Parijs bleef, gaat in Lausanne wonen om dichter bij Zelda te zijn en haar om de drie weken korte bezoekjes te brengen. Zonder de volledige schuld op zich te nemen, weet Scott maar al te goed dat hij en vooral hun ontregelde levensstijl verantwoordelijk zijn voor de inzinking van Zelda.

Kerstmis 1930: Zelda heeft er uitdrukkelijk om gevraagd Scottie uit te nodigen. Als ze haar dochtertje ziet, slaat Zelda wartaal uit en vernietigt ze alle kerstversieringen.

Wanneer Scott voor de begrafenis van zijn vader voor een tijdje terug naar Amerika moet, verbetert de toestand van Zelda zienderogen. Ze gedraagt zich zoals het hoort tegenover het verplegend personeel en de andere patiënten en als er voldoende sneeuw ligt, gaat zij zelfs skiën. Op 15 september 1931, na een internering van één jaar en drie maanden, mag Zelda de instelling verlaten.

'Save Me the Waltz'

Scott en Zelda reizen terug naar de Verenigde Staten en installeren zich in het rustige Montgomery. Het echtpaar heeft grootse plannen: Scott zet zich weer aan het schrijven en Zelda houdt zich bezig met het huishouden. Op 14 november overlijdt Zelda's vader en een maand later reist Scott naar Hollywood voor een nieuw scenario waarvoor hij 75.000 dollar krijgt als de film een succes wordt. Wat Scott niet weet, is dat Zelda van zijn afwezigheid dankbaar gebruik maakt om aan haar eigen roman te werken, waar ze al vier jaar aan bezig is.

Op 12 februari 1932 laat Zelda zich opnieuw opnemen. 'Is het niet verschrikkelijk dat er altijd een klein stukje in je hersenpan is, dat altijd op de juiste plaats gezet moet worden?'

Een maand later verneemt Scott dat de roman van Zelda klaar is. Scott is woedend, want Zelda heeft bezit genomen van een terrein dat hij als het zijne beschouwt, namelijk de literatuur. Vermits haar roman grotendeels autobiografisch is, heeft ze op haar beurt roofbouw gepleegd op het privéleven van Scott en dat neemt de grote schrijver niet! In feite doet Zelda precies hetzelfde als wat Scott jarenlang met haar gedaan heeft. Scott is woest dat de dokters, buiten zijn weten om, Zelda toegelaten hebben haar manuscript van *Save Me the Waltz* op te sturen naar zijn (!) uitgever Scribner's.

In *Save Me the Waltz* beschrijft Zelda op een ontroerende wijze haar jeugdjaren en haar leven met Scott. De roman is echter te autobiografisch en te weinig literair.

Op 14 juni 1932 tekent Zelda haar contract met Scribner's, maar ze moet meteen 5000 dollar inleveren op de nooit terugbetaalde voorschotten die Scott van de uitgever heeft gekregen. De roman verkoopt niet goed en de kritieken zijn zeer verdeeld. Al bij al zal *Save Me the Waltz* aan Zelda Fitzgerald in het totaal 120,73 dollar opbrengen. Maar Zelda geeft de moed niet op en in de herfst begint ze aan een nieuw boek en aan een toneelstuk.

Scott kan Zelda *Save Me the Waltz* niet vergeven en hij drinkt meer dan ooit. Wanneer de dokter hem zegt dat indien hij minder zou drinken, dat ongetwijfeld niet alleen een goede invloed op zijn gezondheid, maar ook op de gezondheidstoestand van Zelda zou hebben, is het antwoord van Scott: 'Och ga weg, man, ik kan dat mens gewoon niet meer zien. Die roman van haar... dat kan ik haar nooit vergeven. Ik ben hier de professionele schrijver. Ik ben de best betaalde auteur van kortverhalen ter wereld. Haar verblijf in een Zwitsers sanatorium kostte mij duizend dollar per maand. Ik wil dat zij stopt met schrijven.'

'Tender is the Night'

Zelda werkt aan haar nieuwe boek met als onderwerp de psychiatrie. Scott op zijn beurt is bezig aan *Tender is the Night* met als thema... de psychiatrie. 'Als ik je kamer nog eens binnenkom en ik zie dat je aan het schrijven bent, scheur ik je manuscript in duizend stukken', dreigt Scott. Zelda sluit zich op in haar werkkamer en doet de deur op slot en grendel.

In de hoop een einde te maken aan het uitputtende geruzie besluiten Scott en Zelda samen in therapie te gaan. De sessies zijn wreed maar eerlijk.

Zelda: 'En, Scott, wat blijft er nu van ons koppel over? Voor zover ik mij kan herinneren is het tussen ons twee één lang gevecht geweest.'

Scott: 'Ik weet het allemaal niet meer. Maar ik weet zeker dat wij in de jaren 1920 een van de meest benijdenswaardige koppels van Amerika waren.'

Zelda: 'Wel, daar heb je groot gelijk in. Wij konden verschrikkelijk goed komedie spelen.'

Scott: 'En toch waren wij verschrikkelijk gelukkig.'

Wanneer na een tijdje Zelda's literaire ambities ter sprake komen, lanceert Scott een woedend ultimatum.

Scott: 'Je moet ermee ophouden romans te schrijven.'

Zelda: 'Mag ik dan helemaal niet meer schrijven?'

Scott: 'Als je een toneelstuk schrijft, mag het niet over psychiatrie gaan. Het mag zich niet afspelen in Zwitserland of aan de Azurenkust. Welk onderwerp je ook moge uitkiezen, je moet het altijd eerst aan mij voorleggen.'

Zelda vindt dat ze genoeg door Scott getiranniseerd wordt en ze verkiest weer opgenomen te worden in een instelling. Scott gaat naar zijn advocaat om de echtscheidingsmodaliteiten te onderzoeken.

This is the end, my friend

Wanneer Zelda *Tender is the Night* leest, is de schok verschrikkelijk. Ze lijkt als twee druppels water op het hoofdpersonage Nicole Diver. Ze herkent de intiemste brieven die ze tijdens haar donkere interneringsdagen in Zwitserland schreef naar Scott Fitzgerald. Sommige passages staan letterlijk, woord voor woord in Scotts nieuwe roman.

De laatste week van mei 1934 glijdt Zelda weg in een totale apathie, ze staart wezenloos voor zich uit en zegt dat ze stemmen hoort.

Met Scott gaat het ook bergaf. *Tender is the Night* kent niet het succes dat hij had gehoopt, hij drinkt nog meer, heeft tuberculose, maakt schulden en sukkelt van de ene depressie in de andere.

In de lente van 1936 wil Zelda absoluut het hospitaal verlaten. Ze is er heilig van overtuigd dat ze onder de rechtstreekse controle van God staat, dat het einde van de wereld nabij is en dat ze in zijn naam de mensen moet bekeren. Zij zegt dat de dokters haar ziel verwoest hebben, ze weegt amper vijftig kilo, is helemaal in het wit gekleed, ziet eruit als een verwoeste engel en bedelt om snoepjes. De ene dag staat ze rechtstreeks in contact met Jezus Christus, met Willem de Veroveraar, met koningin Maria Stuart of met de god Apollo...

Zelda krijgt de toelating om de kerstdagen van 1938 thuis door te brengen, mits het toezicht van een verpleegster.

In november 1939 begint Scott aan zijn laatste, onvoltooide roman, *The Last Tycoon*. Maar het gaat niet, Scott is opgeleefd en hij sterft op 21 december 1940. De Kerk weigert hem de katholieke begrafenis die hij gevraagd heeft, want de boeken van Scott Fitzgerald staan op de index! Zelda is niet in staat de plechtigheid bij te wonen.

Nog nooit is Zelda zo alleen geweest. Toch heeft ze de moed om aan een nieuwe roman te beginnen. *Caesar's Things* is één grote herinnering aan haar leven met Scott Fitzgerald. 'Hij was er niet meer... Wat had zij toch van die man gehouden... Ze dacht aan zijn kapotte manchetknopen, aan zijn versleten kleren die altijd kraaknet waren, aan het plezier dat hij had bij een vers gestreken stapeltje linnen zakdoeken.'

Eind 1944 krijgt Zelda weer een hevige aanval van godsdienstwaanzin en ze gaat zich meer en meer in haar kamer opsluiten, waar ze gedurende zes jaar, met ups en downs, aan haar roman werkt.

Begin 1948 wordt Zelda verzorgd met insuline en men brengt haar naar de hoogste verdieping van het hospitaal, daar waar de zware zieken verzorgd worden. Op 10 maart breekt er een hevige brand uit in het hospitaal. Er komen negen vrouwen om onder wie zes patiënten van de hoogste verdieping. Een van hen is Zelda Fitzgerald.

Bibliografie

MILFORD, N., *Zelda. A Biography*, Stock, 1973.